JN408804

백공의 제7시집

잉크 없는 볼펜

정광일 시집

청옥

| 자서自序 |

문학을 전공했는가 묻는다면, "아니요." 라고 답할 것이다.

시를 짓는 것이 쉬운가 묻는다면 아니라고 대답할 것이다.

시를 쓸 시간이 많은가 묻는다면 없다고 대답할 것이다.

시집을 내어서 돈이 되는가 묻는다면 "아니요," 라고 답할 것이다.

그렇다면 그대의 시는 좋다고들 하는가? 그도 "아니요," 할 것이다. 문학도 전공하지 않고, 시를 짓는 것이 쉬운 것도 아니고, 돈도 안 되고, 시간도 바쁘고, 독자들의 감동도 끌어내지 못하면서 뭐 하러 시를 짓느냐 한다면, 살아있는 나를 찾기 위해서라고 말하고 싶다. 시를 지을 때는 행복해서라고 말하고 싶다. 세상살이 서로 바빠서 나를 눈여겨봐줄 그 누구도 없다. 시를 짓는 일마저 없다면 시인은 무슨 재미로 살 것인가

고된 일과 후에 스스로를 발가벗겨놓고 한 계단 더 올라서서 내려다보며, '그래 오늘은 어제보다 나았었어.' 스스로를 위로하며, 그저 살기 위한 삶이 아닌 흔적을 남기며 사는 삶이 시를 짓는 일이라서 등 떠미는 그 누구도 없는데 나는 수고롭게 시를 짓는다. 진한 감동은 주지 못해도 어쩌다 한 번씩 격려의 갈채를 보내는 독자가 있기에 '詩가 좋은가?' 묻는다면 그렇다고 대답하고 싶다. '詩를 짓는 것이 행복한가?' 묻는다면 그렇다고 대답하고 싶다. 시를 쓰기에 그래도 웃을 수 있다. 그 웃는 얼굴에 침 뱉는 이 없길 바라며 나는 내일도 시를 쓸 것이다. 그것이 명작이든, 졸작이든, 시인이 살아가는 힘이기 때문이다.

저자 百空 씀

| 목차 |

3부 序詩

4부 序詩

5부 序詩

1부 序詩

절대 선絕對線을 넘어서

불가능처럼 보이는 일을 우리는 한계라고 말한다
이 이상은 안 된다는 절대 선
넘으려 하지 않는다

나는 보았다
그 단단한 바위를
약하기만 한 풀씨의 뿌리가 뚫고 들어가는 걸
이 이상은 안 된다고 그어놓은 절대 선
살아보겠다는 강력한 의지 앞에서
그 절대 선은 무용지물이라는 것을

직접 부딪쳐 보지 않고
안 될 거라는 서글픈 예고를 한다
자신의 안락함을 지키려
도전은 꿈도 꾸지 않으면서
안 된다는 말을 입에 담는다

이 세상 성공했다는 사람들
바라만 봤다면
그 견고한 선을 넘을 수 있었을까

잉크 없는 볼펜

먼먼 세월 역사 한 페이지,
완당阮堂 선생은
천 자루의 붓과 열 개의 벼루를 갈아치우며
추사체의 완성을 이뤘다 하더라

송 시인이 자랑스레 쏟아낸
잉크 없는 볼펜 한 뭉치
지금은 비록 껍질뿐이지만
저것들의 속을 비우며 늘려온 열여섯 권의 시집
욕망과 열정, 삶의 노래 한 소절, 한 소절들이
볼펜의 체액과 섞임으로 거대한 성곽을 쌓았으니
딸그락거리며 비워짐을 아쉬워할 일도 아니다

비운다는 것도 어떻게 비우냐는 차이가 있듯
비워짐도 어떻게 비워졌느냐에 가치가 주어지듯
나를 비워 누군가의 가슴에 꽃을 피울 수 있다면
그보다 더 빛나는 사랑이 있겠는가!
그보다 더 빛나는 광영이 있겠는가!

평생, 누구에게 필요로 하는 존재 됨이 아닌 내 가슴도
저 잉크 없는 볼펜처럼
필요에 의한 누군가의 가슴에 채워질 수 있었으면 좋겠다

난향

거칠게 살아온 삶이라서인가
그게 자신의 본모습인 양
날카로움이 창끝을 닮았구나

본디 그런 날카로움은 아니라는 걸 알지만
온몸으로 받아들여버린
경쟁의 뻣뻣함을 어찌 녹여낼 것이냐

내 의지로 살 수 없는 삶이라면
자연의 속성처럼 동화되어도 되는데
그에 순응하지 못하는 올곧은 이성이
끝끝내 힘차게 꽃대를 일으켰구나

온전한 삶이란
늘 칼날 끝에 서있는 것 같아서
외롭고 고달픈 자신의 영혼에
향기라도 남기고픈
곱게 피어버린 네 의지가 묵향처럼 아름답다

넉넉히 겪어왔을 또 하나,
우리네의 삶의 모습은 아니더냐?
군자가 너를 좋아하는 이유처럼 말이다

구름을 만드는 손

여수 화학공단 남동 화력발전소
그곳엔 사시사철 구름을 만드는 손이 있다

변변한 자신의 작품 하나 남기지 못하는
매일 구름장을 만드느라 검게 변한 손이지만
기왕이면 작품 하나 남기겠다는 일념에
폐기되는 날까지 포기를 모른다

낮에는 지문을 지우고
밤에는 연필심을 갈아가며 시문을 짓지만
변변한 삶의 노래 하나도 얻지 못하고 끙끙대는
남들이 말하는 운명이라는 건지도 모를
지지리 복 없는 손으로
짠한 사색을 추억처럼 주워 담는 못난 시인처럼

여수시 화학공단 남동 화력발전소
구름을 만드는 손은 쉬지 않는다
아니, 그에게 포기란 없다

제 2의 직장

아들이라도 막내벌이고
손자라도 막내벌인 사람에게 폭언을 들으며
웃음을 파는 어르신들
그녀가 혹은 그이가 웃을 수 있는 여유는
일자리가 있다는 것이다
나도 할 수 있다는 자긍심 때문이다
당장은 서운하고 괘씸하지만
그들로 인해 주어지는 일자리 아닌가!
그들로 인해 얻어지는 여유로움 아닌가!
'까짓!'
새 삶을 위해서 그 정도쯤이야 양보한단다
한없이 미안한 내 초상화는
그분들 뒤에 고독한 그림자로 서있다
언젠가 누군가도
쓸쓸한 그림자로 서서 바라볼
지금 내 자리에서…….

아장걸음의 의미

아이라서 아장아장 걷고
힘없는 노년이라고 아장걸음 걷는데
한참 패기 넘쳐야할 청년이
아장아장 걷는다

시대가 변한 탓이다
한 발 잘 못 내디디면 추락만 남아있는
그 끝도 보이지 않는 삶의 벼랑 위

용기 하나로 성큼 나선다는 것은
환한 광명보다
어둠이 먼저 보이는 까닭이다

인생사人生紗

누구냐고 묻고 싶네, 그 어리석은 이
누구냐고 묻고 싶네, 그 가엾은 이
땀방울로 만든 씨줄 날줄의 人生紗

시간 겹겹 엮어가는 촘촘한 삶의 그물
거기 누가 갇힐지,
거기 누굴 가둘지 생각도 없이
그저 손끝만 보며 일평생,
엮고 또 엮어가는 그물망

누구에 의한 구속도 아닌
스스로에게 갇혀버린 몸

사방 둘러보니 땀으로 얼룩진 거대한 삶의 역사
거기 스스로가 갇힐지라도 멈출 수 없잖은가
내가 세상에 온 이유라면 말이다

그래, 엮어 가보자
땀방울이 더 이상의 역사를 엮어 갈 수 없을 때까지
흘릴 수 있는 땀이 다 마르기 전까지는 말이다

서둘지 말아야 한다

안갯길, 가시거리 100미터
시간에 쫓기는 액셀러레이터
차는 중심을 잃고 초조하다

눈 크게 뜨고 앞을 내다봐도
밝아지지 않는 칙칙한 어둠
시력을 확보하기 위해 갖은 애를 써보지만
만만치 않은 안개 구간

'빨리빨리, 내가 초보냐'
'괜찮아 운전경력이 얼만데'

더욱 짙어지는 안개 속에서
명을 재촉하는 서두름만 등짝에 식은땀을 흘리게 한다

세상이 시야를 가리려 애를 써도
묵묵히 참고 기다리는 사람에게
환한 햇살은 찾아오리라는 가르침처럼
느긋하게 살라는 것이다

지구는 돈다

자신을 구속하고 있는 틀을 벗어나
쉬고 싶은 맘 간절하겠지만
내가 잠들었던 시간에도
쉬지 못하고 돌아야 했을 지구의 고달픔

잠시라도 쉬었다간
품안의 생명체는 말할 것도 없고
자신마저 머나먼 우주 고아로 떠돌다 사라질 운명
움직일 힘이 있는 한 지구가 돌아야 하는 이유다

오늘도 난
완성된 내일을 만나기 위한
새벽길을 나선다

섬찟바람*이 따뜻한 이불 밑을 들먹이며
추운데 쉬라고 유혹하지만
애써 거절하며 새벽길 나서는 데는
쉬지 못하고 돌아야 하는 지구처럼
100세시대의 빤히 바라보이는 내일이
눈앞을 서성이는 때문이다

* 섬찟바람: 몸서리치게 온몸을 파고드는 두려운 찬바람

어떤 결과 앞에서

바쁘다는 핑계가 만들어 낸
'다음에'라는 짧은 생각으로 인해
물 한 모금 얻지 못한 시들어버린 꽃봉오리

혀를 차며 바라보자니
괜스레 미안하고 안타까워서
때 늦은 줄 알지만
살기를 바라며 흠뻑 물을 주었다

단 한 번 미룬 것뿐인데
단 한 번 관심주지 못한 것뿐인데
끝내 뽑힌 채 쓰레기 되어야했으니
찬란하게 피어야 할 꽃봉오리는
씨앗 하나 남기지도 못하고
끝내 꽃이라 불리지도 못한 채 사라져야 했다

아~
이 세상 수많은 생명 중에
단 한 번의 관심도 받지 못하고
외로이 사라져간 것이
어디, 이 화초뿐이겠는가

금잔디

커다랗게
키 큰 나무로 자라고 싶은 맘이야 왜 없겠는가
대를 이어온 키 작은 삶

누울 자리 보고 발을 뻗으랬다고
설한풍 견디며
뭇 생명들에게 짓밟히고 꺾여도
언제 그랬냐는 듯이 툴툴 털고 일어나서
세상을 아우르는 신록이었으니
커다란 자람을 부러워 할 것까지는 없다

피치 못할 길이 낮음이라면 따르는 것이다
오히려 더 철저히 따라서
더 아름다운 금빛이 되는 것이다

삼월은 희망이다

동지섣달,
버려진 삶이었으니
어찌 세상 탓만 하리
세상이 나를 버린 것이 아니라
내가 나를 믿지 못했기 때문인 것을

포기하고픈 마음이 일면
한 번만 더 해보자 덤비고
그도 안 되면 다시 한 번 더
그래서 세상마저 손을 들게
죽을힘으로 일어서야만 했다

그렇게 만난 삼월,
어둡고 무거운 굴레를 벗을 수 있는 힘이 돋았으니
갇혀 살던 생명들,
하늘을 만나 만세를 부른다

뒷모습 보며 산다는 것

내가 오늘이라면 너는 내일 이었다
내가 땀 흘리는 여름이었다면
너는 결실의 가을을 맞고 있었다
맨발로 따라붙으라지만 발이 아프다
쉬지 않고 따라가지만 몸이 힘이 든다
사람들은 게으르다지만
언제나 부지런히 최선을 다한 정직한 삶이었다

정직한 삶을 이야기 하지만 무엇이 정직한 삶인가
매번 王의 변기를 닦으며 내시는 칼을 갈지만
그 앞에선 늘 넙죽 엎드려 칭송으로 일관하는
부르튼 입술로 목숨 줄을 부탁하는 그런 게 정직인가
지금 내 앞엔 인성 없는 석상들과
꽉 막힌 벽뿐이다

죽을 힘 다해 뛰지만
느긋하게 저 앞에서 걷는 너는 무슨 조화인가
저항조차 할 수 없는 2등 인생의 비애
나도 1등으로 살고 싶다 하지만,
환경에 동화되어 편한 삶을 갈구하는 1등은 싫다
뛰어넘고 싶다

이 일을 어쩐다냐

굶주린 야수가 칼날 위에 묻은 피를 핥다가
제 혓바닥 베인 줄은 모르고
비릿한 맛을 즐기며 서서히 죽어가는 것처럼
先-者의 지식 쓰레기를 들춰가며 먹이를 구하는
시어에 굶주린 시인
꼬르륵거리는 위장은 고프다 못 해 쓰라리다

나물인지 독초인지도 구별 못 하고
먹고 나면 다 살로 가리라
애써 스스로를 달래가며 밥상을 차려보지만
네 맛 내 맛도 없는 버려야 할 밥상
잘못된 요리법을 보완하고 고쳐가며
어떤 이는 삼년 만에 최고의 밥상을 차렸다는데
같은 노력의 몇 배를 더해도 버려야만 한다면
이제는 상차림에서 손을 떼야하는 것인가

아! 꼭 완주하고픈 장도長途의 끝 낙원
버리는 상차림으로는 채울 수 없는 허기
요리법은 묘연하고
고픈 배로는 더 못 가는 멀고 아득한 길

하이고, 이일을 어쩐다냐?

빛

눈을 뜨고
뜻을 명확히 행사할 수 있다면
나는 살아있음이고
눈을 뜨고 계획을 하지만
생각뿐이라면
나는 꿈만 꾸는 죽은 사람일 것이다

생각은 그저 생각으로 남아
천년을 이을지 모르지만
현실은 될 수 없고
실천은 한순간 일지라도
현실이 되어 남는다

그것이 바로 실천의 기쁨이요
도전하는 사람만이 가지고 느낄 수 있는
살아있는 사람의 찬란한 진리의 빛이다

정년停年

달려야 하는데,
그래야 바람이라는 소리를 듣는데
사방이 뻥 뚫린 교차로 한 가운데서 달리는 걸 멈춰버렸다
지가 무슨 이정표라도 되는 줄 아는 모양이다
떡 버티고 서서 어쩌자는 것인지
아직도 갈 길 찾지 못하는 저 아둔한 바람을
아무 길이나 가라며 마냥 등 떠밀 수도 없다

바람이기를 포기한 것일까?
정말 갈 길을 몰라서 허둥대는 것일까?
아니면 누구라도 기다리는 것일까?
스마트폰과 내비게이션, 최첨단 디지털 문명 속에서
너는 더 이상 이정표일 이유가 없는데
더 이상 허둥거릴 이유가 없는데
왜, 멈춰있어야만 하는가?

달려라,
아직은 쉴 때가 아니잖니
100세를 향해 달려갈 바람이잖니,
쉴 줄 모르고 달려온 너!

이정표

아이야!
언제부턴가 웃으며 걷던 포장도로는 끝나고
마르지 않는 진흙탕길이 우리 앞에 펼쳐져 있구나
언제나 질퍽임이 사라지지 않는 길이지만
아이야, 두려워 말고 우리 끝까지 가보자
발자국이 사라졌다면 주검의 길일 것이고
질퍽이는 삶의 발자국은 생의 길일 테니
앞선 이들의 흔적이 바로 이정표인 것이다
그러기에 고난을 억지로 참으려 하지 마라
덮으려도 말고, 지우려도 말고,
삶이 힘들면 주저앉아 펑펑 울고,
무거울 땐 비틀걸음도 걸으며
있는 그대로 흔적 남기며 가자
그래야 뒤따르는 자 잘못을 고치며 따를 것이다
다만 어떠한 경우라도 포기하지는 말자
끝까지 완주했다는 마지막의 느낌표는 남겨두어야
뒤따르는 이에게 작은 힘이라도 되는 것이다
앞선다는 것은 이정표가 되는 것
아무리 고된 삶이라도
마지막은 행복하다는 것을 알려야 하지 않겠니?
그것이 우리에게 주어진 삶의 의무이니까 말이다
그것이 우리에게 남은 마지막 자존심이니까 말이다

빗장을 열다

언제나 어둠뿐이던 방
창을 통해 손바닥에 내려앉은 새 한 마리
꼬~옥 움켜쥐고 들여다 본 손바닥엔 어둠뿐이다

실망 가득하여 주먹을 펴보니
손바닥 가득 드러누워
여전히 방글거리는 황금 깃털의 새

좌절로 날밤 새운 그 날 이후,
늘 함께하지만 볼 수 없었던
저 희망의 새
침체된 가슴은 그를 볼 수 없었나보다

생동하는 자라면 꿈꿔 볼 만한
희망의 땅에 산다는 저 새를 따라
한 발 더 가보자
암흑 속에서 머뭇거리지만 말고

늪

어둡고
습하고
질척거리고
냄새나는 어두운 미로
이른바 늪의 구간을 경험하게 되는
그것이 삶의 여정이다

고난을 헤쳐가면
연꽃의 아름다움이 대를 잇고
아름다운 생명체들이 대를 잇는 늪은
창조의 힘 가득한 신비로운 땅이다

죽기보다 싫은 도전이지만
그를 부추기는 힘이 희망이다
초조하게 생각하지 말자
늪의 바닥에 다다르면 보게 된다
최악의 위기 밑에 숨어있는 아름다움을

직업의 귀천

망나니의 장도 아래
숱한 생명이 스러져가지만
장도를 휘두르는 그는 죄의식 따위란 없다네
직업이기에,
그래야 먹고 살기에 손가락질 대상이 되지만
그에게 죄의식 따위는 사치인 것이네
오직 살아야 한다는 일념뿐이라네
사는 게 우선이고
내 존재를 찾는 일은 다음이라네
이 세상에 초대받은 순간부터
나로 인해 엮여있는
가족들의 웃음을 지키기 위해
한곳만 바라보며
비굴한 웃음쯤 덤으로 나누는 것이라네

홍수

하늘이 내려와 땅을 안고 뒹굴었다
그렇게 농민을 버린
하룻밤의 광기는 황무지를 낳았다

영문도 모르고 당해야 하는
무참히도 짓밟힌 자
숙명 앞에 눈물샘은 마를 날 없다
하지만 어쩌랴
농사꾼이 땅마저 버릴 순 없잖은가

수없이 짓밟혀도
또다시 이 악물며 버텨온 오천 년
천명도 거스르는 것이 농심 아닌가!

얄팍한 상술로 하늘이 버린다 해도
온몸으로 버티는 농자의 들녘은
푸르게, 푸르게 빛난다
뭐니 뭐니 해도 대지의 주인은 農者가 아닌가

달팽이의 정복기

청량사 관음불상 앞
퇴보를 거듭하는 삶의 화려한 부활을 위해
달팽이는 까마득한 벽을 타고 오르지만
어이하랴,
아직도 올라야 할 벽은 까마득한데
태양은 한낮을 향해 돋음발 중이다

등껍질에 짊어진 삶
넘칠 듯 찰랑이던 생명수는 고갈되고
평생 느려터진 삶이 그보다 더 달리기를 바라랴
한숨 돌려보니 지옥이 따로 없다

포기할까? 놓아버릴까?
미련한 갈등 속에서
꿈을 움켜쥐고 이뤄낸 완주
우화등선羽化登仙

삶이란 그런 것이다,
포기하지 않고 끝까지 완주하는 것이다
소망의 결과가 어떻든 그것은 다음 일이다

삼일절 아침

삼월 첫날, 비가 내리지만
꼭 기억해야 할 날이라 국기를 달았다

'대한독립 만세!'
암흑천지를 깨트릴 활활 용솟음치던 그 소리에
웅크린 조국이 기지개켜던
구십칠 년 전 그날
그 아침의 함성으로 이렇게 새날은 왔잖은가

우중충한 하늘이 걷히고 햇빛이 눈부시듯
비를 맞으면서도 바람은 쉬지 않고 태극기를 흔든다
태극기는 깃대에 휘감기고
저걸 풀어야 하나, 말아야 하나
하지만 그 생각은 기우에 지나쳤다
언제 꼬였냐는 듯 풀려진 채로 펄럭인다

어제의 아픔으로 슬퍼하는 삶이여
오늘 주어진 조건에 순응하는 만큼
내일의 해는 더 빛나고
꼬였던 매듭은 쉽게 풀릴 것이다
내가 포기하지 않는 한은 말이다

꽃눈 하나

눈바람 차가운데
외투 하나 없이 추위에 떨고 있네

하늘 향해 오르고픈 가지가
내질러 놓은 꽃눈 하나
모진 세상 바람에 등 떠밀렸네.

비루한 탄생이 웃을 수 있음은
겨울은 때 되면 갈 것이고
봄도 때 되면 온다는 걸 알았던 때문이네

그래서 웃을 수 있다네
버텨낼 힘이 있다는 게 얼마나 행복한 일인가
내일이 있음이 얼마나 행복한 일인가

2부 序詩

여유

모래바람 줄달음치는 2월의 창가
뜨거운 찻잔엔
차나무의 정령이 모여들어 숲을 이룬다

그 숲에
춥다고 울부짖던 까치의 눈물이 숨고
하루 시작의 두려운 가슴이 편안한 숨을 쉰다

찻잔의 바다에
막 떠오르는 태양,
후루룩 목구멍에 넘기고는

"후훗, 오늘은 해를 다 마셔보네"
벙긋한 미소 머무는
이 좋은 아침

가로등

한 치 앞도 보이지 않는 길
꺾여버린 의지를 일으키며
숨차게 달려오신
그댈 위하여 켜 두었습니다.

막막한 어둠 속
고독과 정적만이 벗이었던
그대의 길이기에
환한 길동무 되고자 불을 밝힙니다

그대 가슴속 화선지 위에
어두운 기억들 다 지워버리고
그대 앞을 비추는 밝은 빛으로
미래만 그려보세요

밝게,
환하게

동화同化 된다는 것

옷깃을 꼭 여미며 길을 나섰어요
저만치 앞선 바람이
예쁜 단풍잎을 떨구며 가고 있었지요
떨어진 낙엽들은 우르르 바람을 따라 나섰지요

무슨 일인지
자신들을 나무에서 떨어트린 그가 좋다 했지요
그를 찬양하는 노래까지 부르며
떼 지어 가는 그 뒤를 나도 따라 걸었어요
그때까지 그를 따라 걸을 줄은 아무도 몰랐어요

왁자지껄 동네가 들썩입니다
바람은 어느새 골목대장이 되어 있었지요
참 어처구니없게도
나약한 심리들을 이용하는 바람을 그렇게도 싫어했지만
언제부턴가
나조차도 그를 골목대장으로 인정하고 만 것이지요

명태

이놈의 세상살이
힘들어 못 살겠다고
한두 잔 마신 술이 사람 잡는다

점잖고 명망 높아
선비의 풍모를 과시하던 그가
화풀이 대상을 찾던 아낙을 만났다

동해에선 제법 잘 나가던 그를
망설임 없이 도마 위에 올린 채
매정하게 난도질 해 놓고
그의 희생에 감격해서
눈물이라도 한 바가지 흘려야 하는데
가벼워진 주머니를 위해 어쩔 수 없다는데야 원

잘난 줄 알았던 자신이
취객의 속풀이 수단밖에 되지 않음에
그는 통한의 눈 감지도 못 했다

이 밤의 노래

오늘도 변함없이 어둠은 우리를 가둬놓고
한없이 초라한 영혼을 갉아 먹고 있습니다

간간히
자동차 경적 소리가 졸린 눈을 희롱하며
명상을 깨우고
길거리 네온은 유혹의 손짓을 하고 있습니다.

사랑하는 임이시여!

지금 꿈속 어느 정원을 거닐고 계십니까?
부나비의 고운 날개에 나를 실어 보냅니다

사랑으로 꼬~옥 안아주소서

바다에 갔었는데

마음이 우울해 바다를 찾아 갔었어
그런데 말이지
그는 화를 내며 하얀 이빨을 들이대더라고
범인이 누구인지 알 길 없는
멍든 가슴을 들이대면서 말이야
억울한 누명을 썼다 생각되어서

"바다여! 내가 뭘 잘못했는가?"

따지고 들었더니 글쎄,
꼭 나 같은 사람들이 찾아와
아픔만 보따리로 안기고 가더란 거야
콕, 찔리는 게 있는 거야
머쓱해져서 되돌아오고 말았지 뭐야

홍매화의 봄

홍매화 발갛게 물든 볼
까닭 몰라 물어보니
예쁘다는 말에 부끄러웠노라고

성숙한 몸
사랑이 뭔가를 깨달은 것인가

부풀어, 부풀어
터질 것 같은 가슴
빨간 입술에 걸리는 벙긋한 미소

바라만 보아도 가슴이 뛰는
삼월의 처녀야

부부의 정

바위가 물을 머금고 흘려보내기까지
수세기에 걸친
생물과 무생물간의 교류가 누적 됐다는 것이다

사내의 마음을 강철 같다고 했다
두께는 없지만
그 단단함은 어떤 것도 뚫지 못한다고들 말했다

단번에는 아니지만 그것마저도 뚫렸다

오랜 시간 서서히 접근해서
점령의 깃발을 꽂고야 마는 정
그 은근한 공격에 무너지는 건 불신의 벽이다

토끼

붉게 충혈 된 눈을 보니
또 밤을 꼬박 새웠구나

달빛은 창가에 서성이고
소곤소곤
낙엽 구르는 소리에 쫑긋 세운 두 귀

사르륵,
스쳐 지나가는 바람인데
혹여, 임 오시는 소리인가?

야생 고양이의 짝짓는 소리에 잠을 깬
화들짝 커진 보름달 같은 눈에서
방울방울 그리움들이 쏟아진다.

삶의 저당권

-황소-

주인이 움켜쥔 삶의 저당권

큰 눈 깜박이며
종일 돌처럼 굳어버린 밭을 뒤집으면서도
자유를 외치는 것은 사치라고 생각되는가 보다
그저 안전하게 하루를 먹고 자는 대가에 목매며
싫다는 말도, 못 하겠다는 말도 없다

주인이 쥐고 있는 삶의 저당권으로 인해
타他의 치열한 생존경쟁을 지켜만 봐도 된다는 것이
어쩌면 나태한 그 삶의 행복조건은 아니었을까
덩치가 山만 한 그는 말이 없다
머~언 하늘에 대고
의미를 알 수 없는 일성만 내뱉을 뿐이다

어~매~

염병할 봄날

어제 세차해놓고
문안인사 나눈 빗방울이 떠난 자리에
황사가 제 태어난 대륙의 지도를 그려놨다
염병할…….

반짝반짝, 다시 닦아 놓았다
꽃가루가 또 훼방을 놓는다
염병할…….

털고 닦고 깨끗이 손질해놓은 차에
이번엔 벌이 날아와
꽃가루 듬뿍 담은 똥을 갈긴다
염병할…….

타협이라는 마지막 카드를 내밀고
먼지 둘러쓴 차로 데이트 나선다
염병할 봄날…….

사랑의 계보

태초에 세상은 불(火)의 나라
먼 윗대 할아버지는 그를 다스리고자 가슴에 가뒀다

뜨겁게 괴롭힐 땐 이해와 용서의 눈물로 식히고
차갑게 괴롭힐 땐 인내와 화해의 웃음으로 덥히며
뜨거움은 하늘에
차가움은 땅위에 격리시키고
서로 간절히 원할 때
조건 없이 활활 타올라 하나의 불을 생산하는
아름다운 사랑의 계보를 완성했다

아름다운 세상은 서로를 알아가며
하나가 되고자하는 마음에서의 시작이다
서로를 태워 완전체의 불이 탄생하는 계보의 대물림
내가 이 땅에 온 동기이니 어찌 소중하다 않으리
생의 최종까지 지켜야하는 거룩한 사랑의 계보

그런 것이 사랑이지만
그 본질이 불인 까닭에 조심히 다뤄야 하는 것
아차의 실수로 재가 되어버리는 현실 앞에서는
미련도, 원망도, 뉘우침도 다 부질없다
윗대의 노심초사가 그를 염려한 것일 테니까

국화

12월 초
바쁜 출근길

서걱서걱
생기를 잃은 이파리는 서글프게 울지만
그 향기는 변함이 없다

자태 또한 그 기품을 잃지 않으니
차마 세월에 지기 싫은
국화의 항거는 아닌가
봄부터 겨울까지
모진 풍파 견뎌 온
차마 밟히기 싫은 자존심 때문 아닌가!

국화여!
국화여!
너 어쩌면 나와 닮아있구나

하늘이 윙크하는 날

하늘이 치근대던 날이다
못난 머슴애가 뭐 그리도 좋은지
호감을 보이며 윙크하기에
받아주기 껄끄러워 외면했더니
속상했겠지요?
찔끔찔끔 눈물을 흘립니다
바라보자니 왠지 미안하지만
어쩔 수 없잖아요
내 품이 아주 작아서
하늘을 안아줄 수가 없거든요
그가 울지만 나는 몰라요
누가 윙크 하랬나요 뭐

목련 앞에서

털북숭이 목련
저것이 내 앞에서 옷을 벗으려 한다
봄이라하지만
아직은 코끝이 시린데
얼음처럼 차가운 비를 맞으며
저것이 옷을 벗으려한다
그런데도 나는 말리지 못한다
생각만으로 몸서리처지는 우윳빛 속살
군자처럼 행동하지만
엉큼하게도 그의 속살을 보고 싶은 것이다
허허허,
본성은 어쩔 수 없는가 보지
어쩔 수 없는 사내
나란 놈

봉강면 밀라노 산장에서의 하루

물방아 소리에 고개 돌려보니
아침이 가는 소리, 점심 먹으란다
저만치 연못에는 숨바꼭질 즐기는 수련
고추잠자리를 요람 태우며 놀고
그네에 앉아 흔들흔들 까닥까닥
시 한 편 생각하는 사이 어느새 해 질 녘이다
아픔도 외로움도 그렇게
빠른 걸음 놓았으면 좋으련만
옆구리에 얌전히 앉아
나와 시간과 함께 흔들리고 있다

세상 바로보기

바다에 손을 넣고
속살을 꼬집었더니
격한 몸부림으로 게거품 물고 달려든다
너무 오버하는 게 아니냐는 내게
파랗게 멍든 살갗을 내보인다
오해란 그런 것이다
아픔과 고통은 내가 겪는 것이 아니기에
상대의 모든 말과 행동은 거짓인 것이다
하늘을 향해 팔을 휘둘렀더니
하늘은 금세 파랗게 멍이 들었다
실수를 인정하고 사과를 했는데
나는 멍든 것이 아니라
너의 맑은 마음을 보여준 것이라 말한다
세상일이란 참으로 정의하기가 힘들다

아직은 이른 봄

초롱초롱
청매화 눈망울이 봄 오는 것을 보았다

청결한 몸단장
봉긋한 가슴 내밀고 생글생글 웃는다

요염한 유혹이지만
만개하기엔 아직 이른 봄

하지만,
결코 헤프지 않은 네 모습 사랑스럽다

홍시

봄이면 언제나 노~란 미소가 수줍더니
오늘은 상기 된 얼굴로 마주 서있다

참을 수 없는 유혹
나도 모르게 다가가 입술을 포갠다

끈적끈적한 침샘의 달달한 속살 내음
그녀의 달콤한 마음이 내 안에 스며든다

기어이 하나가 된 인연
사내는 그렇게 가을과 하나가 된다

봄의 귀향

속이 훤히 비치는 망사 옷
살랑 부는 실바람에 속살 내주며
청순한 표정, 수줍은 미소로
요염한 그녀가 다가오고 있다

품위 지킨다고
성큼성큼 걷지도 아니하고
허리 꺾일 듯, 한들~한들 걸어온다

기다리는 사람
목 빠지는 줄 모르고
타는 속 터지는 줄 모르고
갖은 여유 다 부리며 한들한들 걸어온다

꽃 모자 곱게 쓰고
가슴 가득 껴안은 꽃다발
영혼 흔드는 분향 날리며
콧노래 흥겹게 그녀가 오고 있다

변화

여보세요,
등 뒤에 무슨 일 일어났나요

엊그제,
쉰 목소리 쿨럭 대던 바람 소리 안 들려요
서릿발 찬 기운 가시고
삭막한 노래 부르던
나뭇가지도 노랠 멈췄네요
할퀴며 찔러대던 칼바람
부드럽게 등 뒤로 다가와
겨우내 버려두었던 손등 어루만져 주네요

내가 보이지 않는 등 뒤
분명 무슨 일이 일어나고 있는데
볼 수 없으니 궁금하네요

알고 계시거든 귀띔 좀 안 될까요.

늦가을 장미

"너무 튀지요?"

늦가을 붉은 장미가
자신의 의상을 매만지며
어색한 미소를 보냅니다

심장이 쿵쾅대며 갈피를 못 잡네요
아름답다는 말
사랑스럽다는 말
이런 때 쓰기 위해 만들어둔 단어는 아닐는지

때늦은 가을
온실 안 가득한 향기
눈부신 자태가 너무나 사랑스러워
망설이던 말을 뱉고 맙니다

"내가 너를 사랑하고 말거야"

붉은 장미가 빙그레 웃습니다.

눈썹달

사랑스런 막내 거울 앞에 반나절
찍고, 바르고, 다듬고,
이리 저리 폼 잡고 마무리 향수,
데이트 나갔다

무심코 올려다본 하늘
천리향 나뭇가지 위
걸려있는 딸아이 속눈썹 하나
몇 시간 걸린 치장
빠트린 게 또 있었네!

함께하지 못 한 속상함에
반짝반짝 성질부리다
이 골목,
저 거리,
찾아 나선 눈썹달

여름밤

베란다에
걷어내지 않은 빨래들이 달빛을 불러들인다

육신 빠져나가고 없는
헐렁한 바짓가랑이를 둘러쓰고 놀다가
딸아이 브래지어를 제 것인 냥 가슴에 대어보고
살금살금 눈치 보다 달아나고
잠자야 한다고 떠밀어도 막무가내
부끄러운 줄도 모르고
남의 알몸 훔쳐보며 짓궂게 장난질 해대고
뭐가 그리 즐거운지 활~짝 웃는다

낮 동안 실컷 자고
말똥한 눈으로 한밤에 찾아와
피곤해 누인 몸을 자꾸만 꾀어
숨바꼭질 하자고 칭얼대는
참 나쁜 그녀

버릇없는 4월

예쁘다고 했더니
어른, 아도 몰라보고
다문 입을 쩍쩍 벌려대고
글 좀 쓰렸더니
자꾸만 눈을 감겨 버리고
방에서 쉬려니 밖으로 등 떠밀고
춥다고 걸친 외투 막무가내 벗긴다

봄이라는 아이
참 버릇없다

낙동강의 아침

막 샤워를 마친
사랑스런 그녀의 비릿한 살 내음
강은 여명의 환희로 몸살을 앓고
동녘의 긴~ 산 그림자
산고 끝에
해맑은 웃음을 순산順産하는 기쁨 누린다
물안개로 커튼을 두른 강변
귓불 간질이는 한줄기 바람이
안개 여울을 만들고
신비경 속에 서서히 드러나는
낙동강
그 아름다운 나신이여

거머리 어미

태곳적부터
생채기 하나 가지고 태어났으니
본능적으로 피 냄새를 맡는 거머리
한시도 그 곁을 떨어질 날 없다
운명처럼 생채기를 공략당하며
한 방울 남은 피를 빼앗기면서도
웃는다.
활~짝 웃는다
본능인가
희생의 표본인가
눈물로 바라보는 그 이름
어미

슬픈 자화상

헤벌쭉, 헤픈 웃음 지으며 거울 앞에 서 있다.
긴 이마, 훌떡 벗겨진 머리
파 심은 골처럼 쭈글쭈글 깊게 파인 주름
기름기 없고 탄력이라곤 찾아볼 수 없는
바보 같은 모습
혹여 누가 눈여겨볼세라
의젓한 걸음걸이 흐트러지지 않은 몸가짐
먹는 것 하나, 손동작, 발동작,
심지어 말하는 것까지 갖은 무게 다잡고
집에 들어와 욕실 문 닫고
샤워기 물 내리며 거울 앞에 서면
슬픔도, 고단함도, 두려움도 잊은 채
비 맞은 도깨비처럼
이것도 행복이라며
누런 이빨 드러내고 씨~익 웃는다.
바보!

산이 시를 쓴다

영남의 알프스,
천성산千聖山 어영골엔 산이 시를 쓴다
시어가 되고픈 이파리들의 날갯짓,
햇살이 숲 속 풀잎에 금빛 시를 쓰고
망울망울 맺히는 시심
계곡은 투명잉크로 써 내린다

바위에 시를 쓰면
산 아저씨의 듬직한 모습이 되고
나무에 시를 쓰면 초록빛 싱싱한 요정이 된다
바위에 걸터앉은 떡갈나무가 쓰는 시는
구불텅해도 멋스럽고
도토리 줍는 다람쥐, 알밤처럼 동그란 시를 쓴다

맑게 흘러온 시어들이 물웅덩이를 만들고
마음을 빼앗긴 동심이 텀벙텀벙 헤엄치며 논다
산이 건네준 옥고 한 편
조잘조잘 낭송하는 매미의 목소리에 취해
세파에 찌든 때 벗고 선계仙界를 엿본다.

미결사건

-가을에 대한 소고-

불볕 여름
무대를 종횡무진縱橫無盡한 매미의 열창
그 가쁜 숨결이 가을바람 속으로 뚝!

사라진 매미의 노랫소리
'코스모스가 가져갔다' 누명을 씌워보지만
텅~빈 꽃대의 청순가련淸純可憐한 결백

풀벌레와 귀뚜라미는 연일,
가을바람을 성토聲討하고
땀구멍까지 파헤치던 바람은
매미의 사건을 미결로 남긴다

하늘이 유난히 아름다운 날
술 취한 고추잠자리 가을 노래의 음표가 되고
매미의 사건은 여전히 미궁 속인데
가만 미소 짓는 국화를 어떻게 이해해야 하는가

제 무덤 파는 바보들

툭, 투득
딱, 따다닥

삶의 편리를 위해 도로를 내는
절개지 아래,
인간인 내게 화난 산이 돌을 던진다

언제나 다정하여
베풀 줄만 알았던 그 산이
인간인 내게 돌을 던진다

"인간아, 인간아
어리석어 내일이 없는 인간아
그러고도 자연재해만 입에 올리는가,"

시인을 만나다

꽃이 피어있어서 '꽃이 피었다' 했습니다
지나던 아이가 말했지요
"와! 저것 봐라, 꽃이 활짝 웃네!"

나무에 새싹이 파릇파릇하더군요
'봄이 오긴 왔구나.'했지요
그 아이는 말했습니다
"우~와! 나무가 예쁜 옷을 갈아입었네!"

비 맞은 꽃에서 물이 떨어집니다
나는 '봄비가 왔네.' 했습니다
아이는 눈물을 훌쩍이며 말했습니다
"엄마 꽃이 울어요."

꽃을 좋아하는 나이
나도 어릴 적엔 저처럼 보는 눈 맑았을 텐데
내 삭막한 행동이나 언어가
어린 봄을 얼게 하지 않을까 많이 놀랐습니다
그래도 다행인 건
아직도 내겐 순수란 게 남아 있나 봐요
저, 눈 맑은 시인을 만날 수 있었으니까요

삼월에 눈멀다

허구한 날 들어야 했던
냉랭한 한숨 소리
가난이 힘들어 못 살겠다는
팔삭둥이 이월이를
단 한 번의 만류도 없이 떠나보내고
새로운 인연에 눈멀어
죄책감도 느끼지 않는 사내
꽃가지 흔들며 찾아오는 삼월이를
사랑에 들여앉히고
그저 희희낙락 시간 가는 줄 모른다

이월이 와의 사이에 남겨진
헐벗고 굶주린 울부짖음은 어쩌려고

아름다운 관계

꽃은 색과 향으로
사람에게 얻을 수 있는 것이 머리이지만
진정한 가슴을 얻을 수 없고
사람이 사람에게 나누는 배려는
정이라는 꽃으로 아름답게 피어
한 사람의 가슴에 영원한 향으로 남네
꽃이 되려하나
그대의 머리밖에 못 얻겠고
정으로 가슴에 남고자 하나
힘겨움을 이기지 못하네!
아름답다는 것은
사람이 나타낼 수 없는 형용사이지만
너와 내가 애틋하게 쌓아 피운
情이라는 꽃으로 활짝 피어
서로에게 아름다운 향으로 머물렀으면 좋겠네

가을 풍경

화창한 가을 아침
마실 나온 바람이 강아지풀을 만났어요
보고픈 시간을 하얗게 태웠음인지
강아지풀꽃에다 다짜고짜 입김을 불어 넣네요
간지럽다며 앙탈부리는 강아지풀이나
주변은 아랑곳 않는 바람이나
참 눈꼴사나워 사내는 카메라 셔터를 눌러댑니다
블러그에 올린다고 윽박지를 참이지요
"재들 뭐야! 아침부터"
감도, 사과도 부끄럽다고 얼굴을 붉히는 현장
대추의 쭈그렁 얼굴에도 뜻 모를 미소가 담깁니다
주변을 의식하지 않는 뻔뻔함으로
가을언덕은 온통
바람둥이의 열애물결로 일렁입니다.

고향의 꿈

고향
내 어린 날들을 풋풋한 꿈꾸게 하던
그 고향이 이젠 스스로 외로운 꿈을 꾼다

어릴 적 소꼽친구들이 부쩍 눈에 보인다는
왜 세상 떠난 사람들만 자꾸 눈에 밟히냐는
내 유년처럼 작아진 고향이 꿈을 꾸고 있다

늘어진 등성이 늑골 드러낸 초라함으로
간간히 깊은 숨 내쉬며
그 거대하던 고향은 초라한 몸으로 가녀린 꿈을 꾼다

언제 저렇게 작아졌을까
당신의 꿈 한 갈래 연민으로 바라보며 서글퍼 하는데
그것도 모른 채 내 고향은 깊은 꿈길을 걷고 있다

봄

울퉁불퉁
탄탄하게 솟아오른 근육
입춘을 지나더니 금방이라도 사고 칠 것 같은
저 매실나무의 촉촉한 아랫도리

봉긋봉긋, 가슴께가 한참이나 부푼
꽃망울도 봉오리를 펼 때가 된 모양이다
방긋방긋, 유혹의 미소가 어지럽다

꽃을 보며 용트림하던 질퍽한 아랫도리
거저 얻어지는 것이라서 귀한 줄 몰랐던
어딘가에 잃어버린 유년의 풋풋한 봄

봄은 가슴으로 몰려와 질펀하게 숨어있건만
허무한 가슴은 설렘을 솎아내기 한다
움직임 없는 중년의 봄맞이
흉년이다

자유로운 것들은 외롭다

억매임 없이 제멋대로 떠도는
한없이 부러웠던 바람(風)
그가 우는 이유를 나는 알고 말았어
세상 어느 누구의 염려나 구속 따위 없는
사라짐마저 자유로운 삶이라 해도
자유로운 영혼은 언제나 외롭다는 걸
마른 나뭇가지 붙들고 흐느낀다거나
닫힌 창문에 매달려 밤 새워 우는 것도
꼭 겨울이라서마는 아닌
혼자라서 외로웠던 거야
달려가 반기는 이 없으니 허무했던 거야
막힘없어서 좋았던 바람(風)
자유라는 넓은 세상이 주는 그 슬픈 사연의 뒤안*
알려하면 할수록 더 깊어지는 삶의 늪

* 뒤안: 뒤곁의 사투리(집 뒤에 있는 마당이나 뜰)
=저자는 감춰진 뒷얘기를 뜻함

용도가 사라졌다는 것

12월 달력 한 장
자신에게 주어진 임무 30일
철저히 가려진 암흑기를 지나 겨우 빛을 본 그가
용도 사라졌다는 이유로 뜯겨 나가야 한다
이른바 정년이란 쓸쓸한 마지막을
사람도 아닌 달력이 맞고 있는 것이다
버림이란 어느 곳에서건
빈번히 일어나는 성장의 과정이라 하지만
손에 쥐고 바라보자니 마음이 짠하다
지금 이 시간에도
회사는 저를 성장시켜준 동료를 잘라낸다
자신의 성장을 위해선 어쩔 수 없다지만
순리라며 받아드리는 마음은 천근이다

내 손에는 지금 용도 사라진 달력 한 장 떨고 있다

불볕 드라마

푹푹 찌던 폭염을 피해
온종일 물장구치던
하늘이 물에 빠져 죽던 날

사람들 눈 피해
바삐 도망치던 태양은
결국 노송의 가시에 찔려 숨을 거둔다

물속에서 흘리는 눈물이라
우는지 안 우는지
알 길 없는 물고기 떼
숨진 하늘의 시체를 뜯어먹고

당산 나무 붙들고
아이고, 더워 아이고 더워
그 흔해빠진 선풍기 하나 없이 살아간다고
섧다. 섧게 매미는 한나절을 울었다

입추가 지난 풍경

누가 맛 붙인 것일까
자고 일어날 때마다
점점 더 짧아지는 해 꼬리
범인을 쫓는 흙먼지만 자욱한 벌판
서둘러 피난 떠나는
먹거리들의 아우성을 들으며
허수아비는
작년 이맘때 느꼈던
고독으로 몸서리친다.

매실나무 아래서

극한의 삶이라도
낮밤 꽃피우느라
흘린 땀이 무심치는 않았는지
올망졸망 맺은 결실
남들은 속 모르고
행운이라 폄하 하지만
아무래도 좋다
올망졸망 귀엽기도 하지
부디 꿈꾸는 농심의 미래가 되어라
기다림이 행복이 되는 그날을 믿으마

가지치기

봄을 만나고픈 마음이 바람의 심술보를 건드렸나보다
매섭기 그지없는 독설을 내뿜으며
죄 없는 농부의 귀싸대기를 벌겋게 물들이던 날
미안타는 말도 없이
왜 잘려져야 하는지 해명도 없이
싹둑싹둑 나뭇가지들이 잘려나갔다

빈껍데기뿐인 걸 알리려 함인지
놀란 가슴이란 걸 보이려 함인지
드러내는 창백한 하얀 속살

생사여탈권을 거머쥔 농부는 말이 없다
잘못된 일인 줄은 알지만
텅 빈 곳간을 채우기 위해서는
이 방법만이 최선책이라 믿는 까닭이다

이해타산이 만든 거대공룡의 폭식 앞에
가지를 잃은 나무는 속수무책 목 놓아 울 뿐이다

밤은 깊어만 가는데

글벗 찾아가는 길

봄바람 흔들 나를 싣고 간다
10여 년 전 길바닥에 버려둔
초라한 주말 기억들이 주인 잃은 채 뒹굴다
차창너머로 반갑게 반기고
새로운 길 위로 나를 인도하는 시간들
육지의 봄바람은
통영에다 날 내려둔 채 떠나가고
짭짤한 거제 바람이 대교위로 나를 옮겨간다
해금강 가는 길
해안선 따라 구불구불 버스가 춤을 추고
오염된 육지의 탁한 삶을 뱉어버리라고
대충 채워둔 위장을 흔들흔들 도리질 해댄다
처음 다가선 도장포
뛸 듯 반가운 것은
도리질 당한 위장을 달랠 수 있어서일까?
반갑게 맞이하는 벗 때문일까?
달려 나오는 환한 웃음이 포구를 밝히고
갯바람 부드러운 5월의 포구에
일행을 반기는 그녀가 꽃처럼 아름답다

* 최연봉 작가 어장 개소식에서

12월, 국화 앞에서

달빛을 등대 삼아
기러기 떼 찾아오는 늦가을

함박 웃고 있어도 슬퍼 보이는
네 입가를 찾아오는 건
쓸쓸한 미소와 서러운 한숨 소리
순간순간 찾아오는 외로움을 떨치고자
달빛 주둥이를 받아들이고
바람의 애무를 즐기며
그들과 하룻밤 만리장성을 쌓고도
또 누군가에겐 입술을 허락 할 너

불륜의 정점이래도 좋다
나 싫다고 떠나버린 임 대신
내 입술도 허락해주면 안 되겠니?

국화여,
12월의 국화여

혼의 뿌리 쑥

저 질긴 생명력 오천 년 역사를 먹여 살렸네
칼바람 딛고 대륙을 누비며 천하를 호령하던 때부터
뿌리에 깃든 강인한 정신력으로
민족혼을 다독이며 뱃속을 데웠었네

짓밟을수록 더 일어서려 힘을 쓰고
잘려져 나갈수록 번성하는 저 힘과 끈기
오천 년 역사의 힘일 것이네
뭉치고 돋움하며 일어서려는
위대한 뿌리의 힘일 것이네

똘똘 뭉쳐있어도 시원찮을 쑥의 뿌리로 이어온 민족인데
분열로 갈라진 비극의 역사여
대륙의 터전을 잃고 작은 터에 몸을 기대고 살지만
오랑캐의 말발굽 아래서도
왜놈의 게다짝 아래서도
또렷이 솟던 민족의 굳건한 기상은 잊었는가!
우리가 즐겨먹던 쑥은 지금도 지천인데

3부 序詩

꽃은 웃는다

꽃은 늘 웃는다
모진 풍상 앞에서도 의연히 웃는다
웃음이 그의 무기인 줄 알지만
울음도 그의 무기인 것은 누구도 모를 것이다
꽃은 웃는다
아니, 언제나 웃어야 한다
꺾이고,
쓰러지고,
짓밟혀도,
늘 웃어야 하는 것은
내 울타리를 지키며 번성케 하려는
자기 암시적 의무이고 숙명인 때문이다
그렇게 그의 이름은 꽃으로 남는다
초라하지만 억척스런
삶이라는 이름처럼
세상에 남는 그의 이름은 아름다움이다

문

계단을 올라 강의실 문을 열었다
아주 조그만 속삭임들을 지나
격리된 또 하나의 문을 열고 들어간다

마주 보고 있지만 서로를 갈라놓은 그 문
노크 소리가 들려 문을 열어보니
속삭임의 주인들이 빤히 나를 바라보고 있다

그들의 귀에 대고 비밀스런 귀엣말을 하지만
그들의 속삭임이 내 말을 가로막고 있다
땡땡땡 종이 울리고 내가 하는 귀엣말은 끝이났다
나는 다시 문을 닫는다

내가 들어왔던 문들을 하나씩 열고 거리로 나섰다
영혼과 영혼들 사이를 아슬아슬 지나
또 하나의 문을 열었다 그리고
내 이름의 자리에 누웠다

자리에 누워 지나온 문들을 들여다본다
문과 문들 사이로 바람만 살고 있을 뿐
그 문들 안에 있어야 할 내 그림자는 사라지고 없다

편견

발소리 죽이며 산을 넘던 바람
아차!
서럽게 움츠린 산죽의 이파리들을 밟았나 보다
왜 나를 건드느냐며 소리소리 날카롭다

가지를 떠나 낯선 거리를 떠돌던 낙엽
바람의 행패가 두려워 양지쪽으로 모여들었다
좀 전에 들렸던 산죽의 비명을 듣고
자신들이 당했던 과거의 기억에 몸서리치며
정말 못됐다고 입방아가 대단하다
"그럴 수도 있지 너희는 실수 안 하고 살아!"
화가 난 바람은 무지막지한 권력을 휘두르고
낙엽들의 아우성이 모퉁이 돌아 흩어진다

아무 죄 없이 구경하다 뺨을 맞았다
편들어 이해시키지 않고 구경만 했다는 것이다
바람이 산죽을 밟은 것은 과연 실수였을까?
낙엽은 감정을 앞세워 바람을 나쁘게만 보지 않았는가?
힘의 논리나,
동정적 판단은 큰 오류의 시작이다
섣부른 잣대를 들이대지 말자
누군가의 오류로 스스로도 피해보는 세상 아닌가

명포수

탕!
총구가 불을 뿜었다
범바위 아래 납작 엎디어 사냥감을 노리던 호랑이
노리던 사냥감에 자신이 당한다는 것은
꿈에도 생각지 못한 어이없음이다

세상사란
누가 사냥꾼이고 누가 사냥감일 수 없다
내가 상대를 사냥감이라 생각했다면
상대도 나를 사냥감으로 여기기 때문이다

언제나 서로에게 드러나 있는 우리
자신은 완벽한 위장으로
상대의 눈을 피했다 생각하겠지만
한 손가락으로도 가려지는 시야로
커다란 등신을 얼마나 숨길 수 있을까

나는 분명 명포수다 하지만 영원하지는 못하다
완벽하지 못하기에 빈틈을 보이는 것은 나
사냥은 내가 먼저 시작했지만
그들의 최종 먹이는 결국 '나' 아닌가!

빈 병들의 키 재기

위하여!
폭풍이 몇 차례 휩쓸고 지난 자리
텅 빈 접시 위에 삭막한 기운만 감돌고
혀 꼬부라진 빈 술병들이 서로 잘났다고 다툰다

소주병, 왈
서민들의 아픔과 함께 하였기에
그들 사랑을 독차지하는 귀하신 몸이 되었단다

가만 듣고 있던 맥주병, 왈
귀한 건 그런 게 아니라
어떤 환경에 무엇을 먹고 자랐느냐는 것이라며
외국 유학에 호프만 먹어온 나와 견주려느냐며
출신과 귀천을 따진다

딱히 누가 '더'랄 것도 없는데
과거 내세워 뭐하며, 귀천은 따져서 뭐하는가
내 보기엔 기껏해야 술 담는 술병이고
고물상에 들어갈 빈 병일 뿐인데
제 잘났다고 소리소리 요란하다

사각지대

눈을 크게 뜨고 바라보아도
2센티 남짓, 작은 능선 너머를 보지 못했다
반대편은 나을지 몰라 똑같은 수고를 해보지만
결과는 빤한 것
모든 것을 다 보는 듯하지만
작은 콧등너머도 보지 못하는 존재
언제나 우리는 외눈박이 삶이다

혼자서는 아무것도 할 수 없는 것
하나로는 다른 하나를 볼 수가 없기에
또 다른 하나로 서로를 보완하며 살고 있다

완벽한 듯 보여도 어딘가 드러나 있는 빈 틈
보이지 않는 빈 곳을 채우며 함께하는 삶을 위해서
우리는 혼자가 아닌 둘인 것이다

변방의 북소리

-정년-

세상은 고요한데 울 너머를 바라보는 초병의 귀에는
아직도 북소리 요란하다
한시도 마음 편할 날 없는 최전선
굳센 초병의 체력은 이미 오래전 바닥을 드러내고
머~언 변방의 땅을 일궈야 하는
초병은 진퇴양난의 기로에 서있다
사랑하는 사람들의 웃음이 그의 고달픔을 위로하지만
숨을 몰아세우는 바닥난 체력으로 버텨낼
아득한 전선은 늘 안갯속이다
이제 자신이 아니라도 스스로를 지킬 수 있는 울타리지만
나에게 지워진 풀 수 없는 과제이기에
꼭 그래야만 할 것처럼 오늘도 변방으로 향한다
새벽별 잠들지 않은 시간 전장으로 향하는 초병
젊음이 세월 따라 가버린 지금도
울안에 머물지 못하는 늘 소외된 존재
잦아들 줄 알았던 변방의 북소리 그칠 줄 모르는데
소외의 외로움 따윈 애초에 잊어버린 초병의 자리
긴장으로 질끈 동여맨 신발 끈 풀릴 날은 기약도 없다
변방의 북소리 끝나는 날 원하던 자유를 얻겠지만
변방사수의 의무마저 사라진 쓸모없는 존재의 자유가
나에겐 더 참담한 두려움으로 다가온다.

흔적

하늘을 탈출한 비에게 소환령이 내렸어요
내 차 지붕 위에는
빗방울이 남겨놓은 흔적만 남았지요

빗방울이 흔적을 남기고 사라지고 없듯
우리의 생애
얼마나 많은 욕심의 흔적을 남겼는지 몰라요

자신만 남길 수 있는 흔적이기에
그것이 쓸모없는 일인 줄은 알지만
자신을 드러내려는 애틋한 행위인 것 같아요
다 쓸모없음을 알았을 때는
이미 돌이킬 수 없다는 것도 알지만 말예요

허탈한 웃음으로 자신의 지도를 남기고 가는
그린 자는 떠나고 없는 지도의 실체 앞에서
내가 이 자리에 서있어야 할 이유를 알 것만 같아요.

생각하지 않는 석상

어지러운 세상을 구한다던 새 해님도
스스로가 위대하다던 새 달님도
만만한 석상 앞에서 벌거벗은 가난을 떨쳐준다 했지만
언제나 돌아오는 것은 거짓된 약속

모진풍상과 시간의 흐름으로 얻어 걸친 이끼
겨우 헐벗음을 벗어난 석상 앞에서
그 모든 은혜로움이 자신들로 인한 것이라며
꽂아둔 지팡이를 먼저 붙잡고
뻔뻔한 얼굴로 우쭐대는 저들을 어쩐단 말이냐

자신들에게 쏟아지는 오명을 유명쯤으로 착각하고는
나는 해님이다
나는 달님이다
외치는 저들의 한심한 모습
철면피는 그렇게 태어나는데
생각 없는 무심한 석상들은
굽혀지지 않는 엄지를 치켜들고 있다

이미 석공의 손을 떠난 생각 없는 조각상인 것이다

유리벽

날개가 있어도 날지 못하고
튼튼한 두 다리를 가지고도 달리지 못하는
커다란 유리벽의 장애 앞에서 울고 있는 새
빠른 기동력을 자랑하면서도
계단 앞에서 돌아서고
작은 턱 앞에서 좌절을 맛봐야 하는
비켜나라 말하면 수월히 갈 수 있는 길을
입이 있어도 말 못 하고 힘들게 둘러가는 휠체어
어제도 그 같은 일을 만났다
눈앞의 위험을 알고 다들 되돌아가는데
눈을 가지고도 보지 못해 멈출 수 없는 걸음을
하나의 세상,
하나의 언어로 어울려 사는데도
벽 하나 가로막혀 서로 다르게 사는 세상
아픔에 동참한다고 물질 공세에 나서지만
세상아,
함께하는 삶이란 그걸 원하는 게 아니다
길을 만들어 주렴
스스로 먹이를 찾고 먹을 수 있게
벽을 허물어 맘껏 달릴 수 있는 길을 내어 주렴
배려란, 관심이란 그런 것이다
진정 위하는 사랑이란 그런 것이다

은지야 미안하다

찬바람이 욕지거리를 바가지로 쏟아대는
횡단보도 신호등 앞
할머니의 손을 꽉 쥔 많이 아파보이는 소녀
그녀의 입에서 날아오는 말 펀치

"야! 파란 불이다 은지가 안심하고 건널 파란불이다
세상은 참 좋다 은지가 안심하고 건널 신호등이 있으니까
할머니, 이렇게 좋은 세상을 만들어놓고
왜 사람들은 은지를 아프게 할까?"

타격당한 가슴이 아려온다
내가 만난 그 소녀의 말처럼
세상은 참 좋은 곳인데, 차~암 살기 좋은데
왜, 누군가는 상대를 아프게 하고
왜, 누군가는 그로 인해 아파해야 하는 걸까?
구석구석 끊임없이 가해지는 무차별 폭력
속수무책 바라만 보는 실종된 사회정의
희망의 메시지 가득 담은 봄은 과연 올 것인가

은지야, 미안하다!
내가 어른이라서 미안하고
너희 같은 귀한 마음을 지켜주지 못해 더 미안하다

마음자리

고즈넉한 공원 산책길
누군가가 쉬어가기를 기다리는
쓸쓸한 기다림의 자리
피로가 쉬다가 고맙단 말없이 떠나가지만
서운타 하지 않고 오히려 염려로 바라보는 마음
그가 존재하는 이유일 텐데
쉴 사람 찾지 않는
멀거니, 하늘만 바라보는 자리라면
기다림이란 허망한 것 아니냐
모두가, 그 모두가 말이다
연자여!
그대에겐 찾아가면 반겨줄
사랑으로 기다리는
잠시 잊고 있는 마음자리 하나 없는가?

파리의 항변

파리 한 마리가
밥상 위에 뭣 모르고 앉았다가 혼쭐이 났다
이리 쫓기고 저리 쫓기며
생사의 고비를 넘기기도 몇 번
참다못한 파리의 항변이다

여보세요!
왜 나를 죽이려 합니까
타고난 출생 때문에 더럽다고 그러십니까?
그렇다면 당신도 예윌 순 없지요
필요할 땐 형 아우 잘도 찾지만
득이 없으면 모른 체 등 돌리고
어제의 친구를 적으로 만들고
부모도 형제도 버리는 당신의 구린 속
내 출생의 비밀보다 더 더러우니까요

그 사람이 말했다
내 잘못을 알고 있지만
관계적 태생이 그러니 어쩔 수 없다
어쩔 수 없는 운명이란 것도 있기 때문이다

금정산 고당봉

빈 몸으로 오르기도 힘든
거대한 산 지킴이의 위용
만고풍상 겪으며 자랐을 네 앞에 서니
올라오기 참 잘했다 말할 수 있었다

정상 등정에서 얻는 희열 때문만은 아니다
헐벗긴 채로, 너의 키 그렇게 크는 동안
눈물로 녹여온 고된 세월이 보이는 까닭이다
세상을 왜곡된 눈으로 바라본
나의 어리석음이 눈을 뜬 까닭이다

어쩌면 저리 높게 자랄 수 있을까?
부모 잘 둔 덕일 거야,
아니면 비리나 범죄를 저질렀겠지

스스로 못난 줄도 모르고
바로 보려 하지 않았기에
미워하고, 부러워하고, 비꼬기만 했는데
오늘에야 너의 진면목을 볼 수 있었다
오늘에야 참 작은 나를 돌아보았기 때문이다

앞선 말과 실제

티브이에서
시청자 여러분 이제 봄이 왔습니다.
라디오에서
애청자 여러분 봄이 왔습니다
길 가다가 만나는 사람마다
이제 봄이 왔죠. 봄이 왔네요
발표되는 글마다 꽃이 핍니다
새싹이 돋아납니다. 봄이 왔습니다
그래서 나도 무심결에
아, 봄이구나. 봄이 왔구나! 했는데
그 말을 들은 개구리가 펄쩍 뛰어올라
봄맞이 하잔다

지상엔 백년 만에 많은 눈이 오고
살을 에는 추위에 땅이 꽁꽁 얼고
입술이 꽁꽁 얼어 노래 한 곡 못 한 개구리가
땅속 제 집 찾으며 물끄러미 쳐다본다

눈 흘기며 남기는 말
사기 치고 있어 씨~이~~~
놀리니까 기분 좋아?

억새

조건에 순응할 줄 아는 억새꽃
그 모습이 숙연肅然하다

칠부능선쯤 바위에 기대어
석양을 바라보는 삶
흐느적흐느적 헛헛한 춤사위에
요동치는 나그네의 작은 가슴

머물다 가는 길은 하나
석양과 네가 만드는 오묘한 사색思索의 빛
언젠가는 함께 물들어야할
나, 그리고 너,
우리

삶이란 것은

숲길을 걸어 산을 오르며
간질간질 귀엣말 하는 나무들의 대화에서
비움의 의미를 들어볼 일이다
자신의 처지가 절망적일지라도
절망을 극복해 내면
황무지 위에도 꽃은 피고 벌 나비 찾아들 듯
오래된 고목일수록 자신을 잘 비울 줄 안단다
비바람 험한 태클을 걸어와도 비우며 견디다 보면
언제든 희망의 빛으로 바뀔 수 있기 때문이란다
그렇듯
삶이란
늪 위에 집을 짓는 것처럼 서두르지 않고
욕심을 버린 여유와 신중함으로
한 장,
한 장,
빛을 쌓아가는 것이란다

가을 문턱에 비가 멎고

아픈 상처.
곪아터진 추한 영혼을 씻어내려는 듯
사흘을 퍼부어대던 비가 멎고
깨끗한 거리,
청명한 하늘,
산이 달려와 눈앞에 있다
표현하기 힘든 가을빛
눈길 닿는 곳마다
발길 닿는 곳마다
넉넉한 풍요와 여유가 몽환적이다
알록달록
어느새 가을빛이 스며든 내 몸
텅 빈 마음의 곳간은
파란 신음을 끝없이 내뱉는다

나는 아직도 젊은데…….

하늘이 없는 땅

문명의 발달
언제부턴가 이 땅위에 살지만
햇빛을 볼 수가 없었고
그늘 속에서 뿌연 공해만 마시며
바퀴벌레 같은 삶을 살고 있다.
빛 잃은 미아가 되어
빛을 찾아 자꾸만 높게 탑을 쌓지만
발버둥 치면 칠수록 왕성한 식욕을 자랑하며
성장을 거듭하는 회색빛 죽순이 자라는 도시
하늘 보기가 힘든 세상
희뿌연 안갯속
온갖 협잡과 사기 암흑 속에 범죄가
그곳을 찾아들고 안도의 한숨을 내쉬고 있다
미로 같은 하늘이 없는 땅
힘없는 하늘바라기들은 변두리로 몰려
초라한 움막 하나 치고 살면서
바퀴벌레가 포식하고 버린 찌꺼기를
손발 비비며 얻어내고 있다
어둠은 세력은 키워 오는데
또렷한 대책이 없다

독도

철썩철썩
바다는 쉬지 않고 작품을 만든다.
천만년 대를 이은 장인정신
바다는 위대한 조각가였다
찍어내고 두들기고 잠시도 멈추질 않는
그의 손은 파랗게 멍들었어도
완벽한 하나의 조각이 탄생하기까지
결코 멈춤이 없을 거라고 한다.
그렇게 다듬어가는 예술품
그것이 독도다
바다가 우리에게 선물한 땅
조상이 우리에게 물려준 영토
누가 망언을 일삼느냐
천명을 거스르며 왜곡을 일삼는다고
나는 네가 될 수 없듯
시대에 뒤진 힘의 논리로
남의 것을 뺏는다고 네 것 되더냐
그러지 마라,
이웃 잃을까 두렵다
어리석은 일본의 우익들이여!

웃음이 있던 날

–장모님 생신날–

송정 바닷가 어느 작은 포구
횟집 창가에 앉아
그가 내어준 하얀 속살에 입을 즐기고
맑은 소주 한 잔으로 마른 목 적신다
옥빛 바다를 바라보며
뽀얀 물안개 벗 삼으니
사색의 창에 어찌 시 한 수 없으랴
얼큰히 마신 술에 취기 오르고
바라보는 가족들의 눈에 정이 담겼으니
가득한 웃음소리 행복이어라
천만년 살지도 못 하는 생
더도 덜도 아닌
세상 떠나가는 날까지
건강한 오늘만 같았으면 좋겠네
가난해도 웃음 넘치는
오늘만 같았으면 좋겠네

무명인의 길

환호와 갈채 속에 뒷모습을 보이던
주인공 떠나고 없는 자리
허섭쓰레기로 배를 채우며
완벽한 무대는 나로 인해서라고 자위自慰한다
엑스트라 인생의 비극처럼
춥고 배고픈 단역의 자리
구성원이 되었다는 자부심만 전부인
주연의 그림자로 태어난 이름 무명인
완벽한 작품의 탄생을 위해
무대 뒤에서는 땀방울이 생명수라 여겼으니
어쩌겠는가!
비록 무명일망정 최고의 내가 되기 위해선
초월해야 하는 자리인데
주연인 것처럼 헛기침을 토해내는
멈출 수 없는 무명인의 도전
선인先人들이 남겨놓은 시어들 사이에
감히 허접한 시어들을 들이밀며
알아보는 이 없는 아픔의 그 길에 서있지만
시인이기에 고독을 안주삼아 시를 쓴다

꽃 진 자리

높은 곳을 좋아하더니
그것이 재앙의 뿌리가 되어
꽃잎은 기어이 사고를 쳤다
달콤한 것을 나누는 조건으로
세상을 발아래 두고 제몫을 챙기더니
기어코 사고를 치고 만 것이다
천만년 갈 것 같던 그 영화
높이 오른 만큼
초라한 몰골로 허무히 진다
사정司正의 빗자루 질을 원망하지 마라
원하던 결과 아닌가

산

–쉼터–

두려운 속세를 피해 산을 오르니
깎아지른 벼랑이 육신을 요구하고
창검 같은 나뭇가지 숨통을 노린다
왔던 길 되짚는 나에게

두려워 마라,
두려워 마라
눈 감으면 저승이고 눈 뜨면 이승인데
살아있다고 산목숨이더냐
힘들면 기대고,
고달프면 쉬어 가려무나
바람도,
구름도 다 쉬어 가는데
잠시 쉬어간들 잘못될 게 뭐더냐
두둥실 흘러가는 구름을 보려무나
잠시 생겼다가 홀연히 사라지듯
인생도 그와 같다
고민하지 마라
두려워하지 마라
흙냄새, 풀 냄새 맡으며
그냥 잠시 쉬었다 가면 되는 것을

세상사

그녀의 아름다운 손길이 건네는
새콤달콤한 관심 한 줌
달콤한 일정이 되라는 것일 거다
입에서 고맙다는 말이 다 빠져나가기 전
벌거벗은 사탕 하나 황급히 입속으로 숨는다
바삭, 와사삭,
상큼한 향기와 함께 코끝을 찾아오는 비릿한 냄새
내가 사탕을 먹었다 생각했는데
사탕은 내 혓바닥 한 점을 먹고 있었던 것이다
인간이 창조한 맛과
선대로부터 물려받은 유전자의 비릿한 맛
참으로 알쏭달쏭한 알 수 없는 맛을 즐기며

세상은 내가 먹는 게 아닌
먹고 먹힌다는
새로운 사실을 알고 만 것이다

벼락 맞을 일

점심을 먹고 감나무 아래 자리를 깔고 누웠다
겹친 피로와 식곤증이 끌고 가는 나락
정신은 딴 세상에서 놀고
육체만 남아 자리를 지킨다
삶과 주검의 차이가 아닌가 싶다
툭, 투득
격한 문 두드림에 눈을 떠보니
내 육체를 터전으로 생각한 감나무 종자들이
온몸 구석구석에 포진하여 자리를 잡았다
옷을 빨며 참으로 실소를 금할 길 없다
소원했던 돈벼락은 만나지 못하고
감나무 그늘을 좋아하다가
짧은 시간 동안에 감벼락을 맞았다
어찌 보면 대박이다
이제서 평생 소원하던 돈벼락을 못 맞은 이유를 알 것 같다
일평생 일판을 친구로 사귀었으니
일 벼락을 맞는다는 것은 당연한 일 아닌가
무엇인가 간절히 원하는 것을 얻고 싶다면
그 곁에서 그와 친구가 되어야 하는데 말이다
이제서 돈벼락맞기는 글렀고
시와 벗하며 시어벼락이나 맞아야겠는데 되려나?
하이고, 내 복에…….

4부 序詩

왜

나무는 늘 땅속 깊은 곳이 궁금하다
그래서 매일 뿌리를 깊게 내려 보낸다
하지만 그것이 가뭄과 폭풍우 속에서
그가 살아남는 길임을 그는 모른다
그저 궁금증을 해결할 목적인 것이다

시인은 별것도 아닌 일에 늘 궁금하다
상상의 뿌리를 깊게 내리는 이유는 싱겁지만
그것이 좋은 시를 남기는 길임을 그는 모른다

뿌리 깊은 나무의 열매는 크고 향도 좋다
뿌리 깊은 시어는 뭉클하게 아름답다
하지만 왜 그러는지 그들은 모른다
거기에 대한 해답을 얻기 위해
시인은 또, 궁금해야 한다

앎이란
풍요로운 삶을 덤으로 가져오는 것이라서
삶의 깊이를 아름답게 만들려면
늘 궁금해 해야 한다

정情

희망과 좌절, 슬픔과 분노
갖가지 고난을 극복하며
마침내 백이라는 겹이 되었을 때
설렘과 기쁨의 꽃대를 올리고
꽃을 피우는 백합처럼
인간의 情도 이와 같으니
매일 아옹다옹 관계의 겹을 쌓는다

그 과정은 생살을 파는 고통이기에
무뎌지지 못하고 생동함을 참지 못해
어떤 이는 이별을 택하고
어떤 이는 꿈을 버리고 세상을 등졌으며
어떤 이는 고난을 극복하여 고지에 섰지만
정情의 실체는 쓸쓸히 바라만 보아야 한다

한 사람에게만 드러내는 사랑의 겹
결국,
겹의 완성은 한 사람의 몫이기 때문이다

신판 노예제도

팔순 넘은 노모는 먹거리를 물어 나르고
자식은 제비새끼처럼 어미의 밥상을 받는다
아무리 생각해도 이해가 어려운 관계
손자 본 자식 놈의 머릿속은 아직도 어려서
당연한 것처럼 어쩔 수 없다고 한다
늙은 어미를 당연한 듯 부리는
어쩔 수 없는 사연이 뭔지 모를 일이다
게으른 자식을 낳은 자신의 죄업이라며
어머니는 스스로 아들의 노예가 되셨다

내 지인은 늘그막에 일복이 터졌단다
글쎄, 작은 아들네가 갓난아기를 맡겼기 때문이다
못 봐준다 했더니
우리 엄마 맞느냐며 큰소리치더란다
엄마라면 자식 놈 어머니지
손녀딸의 어머니는 아니잖은가
황당한 이론 앞에 무너지는 모정
그렇게 징역을 살고 있단다
물론 용돈 한 닢으로 미안하다는 말을 대신하고
당연한 듯 지들끼리 여행 떠나는 시대에서
체념한 그녀도 아들의 노예가 되었다

부모라는 것이 그런 것인가 보다
낳아서 기르느라 평생 고생이고
다 자라서 결혼 시켜놓으니
자식들은 낳았으니 끝까지 책임지라 한다
권력에 의해서가 아니고
의무에 떠밀려서도 아닌데
서로가 당연한 듯 노예를 만들고
다른 한편은 당연한 듯 노예를 자청한다

신판 노예제도
다른 나라에선 찾아볼 수 없는 희귀한 현상이
대한민국에선 당연한 듯 받아드려진다

군고구마 장수

수은주가 잔뜩 웅크리는 밤
골목길 돌아드는 바람이
얼어붙은 경제만큼이나 매몰찬 늦은 귀갓길

전봇대 붙잡고 호객행위 일삼던 광고지들이
비명과 함께 처참한 몰골로 찾아드는
보안등 불빛마저 떨고 있는 모퉁이 작은 공터
타닥타닥,
장작 타는 소리 들려오고
은근한 향으로 주린 배를 유혹한 뒤
자신의 꿈이 담겼다며
이천 원에 사 가라는
아르바이트 학생은 아름다운 범죄자다

봉지 속
여유롭게 공부시키지 못하는
검게 그을린 부모님의 애닮은
쭈글쭈글한 까만 껍질을 벗겨내니
금빛 물든 그의 꿈이 속살을 드러낸다
그 꿈 맛
차~암 달다

물의 변증법

파도가 사는 곳은 바다이지요
정확히 말해서 물에 산다는 말입니다
부산역 광장이 내려다보이는 대합실 음식점 창가에서
바다의 파도가 아닌 광장에서 출렁이는 파도를 보았지요
파도는 물에서만 사는데 말입니다
물은 나무의 미세혈관을 따라 나뭇잎에 올라와
바다에서 만났었던 바람을 만난 거예요
반갑다며 서로의 손을 잡고 춤을 추더군요
그 신비로운 춤사위
물은 나무에게만 찾아간 것이 아니더라고요
낱낱의 세포를 통해서 내게도 들어와 있더라고요
전위된 내 가슴에도 어느새 설렘의 파도가 일었지요
물이, 나와 나뭇잎을 찾아와 육지의 파도를 깨우고
그 파도가 세상을 푸르게 깨워 삶의 윤기를 더하듯
물은 물로써 세상에 존재하지만
지금껏 나는 그를 알아보지 못했네요
그렇듯,
못난 내 시어들도
누군가의 퍽퍽한 가슴에 자양분이 되어
그의 가슴에 설렘의 파도로 남았으면 좋겠어요
선홍빛 붉은 파도로 출렁였으면 좋겠어요

시인의 바다

원두의 갈색 눈물, 머그잔 가득 채우고
귓가에 서성이는 소리들과 대화하며
책상 위에 가득한 시어들을 낚아 올린다

촉촉한 눈물 이야기가 걸려들고
달콤한 사랑의 속삭임이 걸려들고
끈적이는 삶의 이야기가 걸려든다
행복한 웃음들이 반짝이며 걸려든다

크고 작고 무겁고 가벼운 놈들 중에
큼직하니 무거운
시어 한 마리를 어망 속에 집어넣고
이놈을 어떻게 요리할까
이 집에 맡겨 요리할까
저 집에 맡겨 요리할까

입안 가득 고인 침을 꿀꺽 마시고
벌렁거리는 코를 대고
구수한 매운탕 향을 음미한다

책상 위에 펼쳐놓은 바다
그곳에서 시인은 행복을 낚는다

스스로 배우게 하라

풍랑이 거세다
출항을 만류하지만
기어이 배를 띄우려 한다면?
그냥 두어라

광대한 바다의 경고를 듣고,
거대한 파도의 성난 울부짖음 듣고,
쉴 새 없는 갈매기의 두려운 날갯짓을 보고,
스스로를 작다고 인정하는
세상을 바라보는 눈을 가지게 되었을 때
주체할 수 없는 오만과 독선이
얼마나 자신을 궁지로 몰고 가는지 느낄 것이니
그때 소리칠 것이다

"살려주세요! 살려주세요!"

자식의 노예들이여 초조해 하지 마라
우리는 다만 튼튼한 줄과 구명보트를 준비하고
그 아이가 살려 달라고 외칠 때 던져주면 되는 것이다

엄마가 된 딸들에게

사랑의 대명사격인 너희의 이름은 엄마다

얼굴이 예쁘다고 얻어지는 이름도 아니고
돈과 권력으로 얻어지는 이름도 아니고
섹시함을 과시하는 몸매로 얻어지는 이름도 아니며
능수능란한 애교로 얻어지는 이름도 아니다
아기를 낳았다고 얻어지는 이름도 아니다
여자라서 얻어지는 이름은 더더욱 아닌 것이다
황무지 위에서 무지로 일구는 가정이라는 꽃밭
희생과 봉사, 의무와 책임감,
그리고 끝없이 배워야 하는 거기 수반되는
고통을 참아내는 과정에서 얻어지는 고귀한 이름인 것이다

잘 간직하고 다듬을 줄 알아야 하며
아름답게 꽃피울 줄 알아야
사랑이라는 이름의 엄마가 되는 것이다
엄마의 사랑은 그렇게 태어난 것이라서
주검의 경계를 넘나들 수 있는 것이란다

수만 년의 세파에도 지지 않는
아름다운 이름의 이유이기도 한 것이다

동인지의 탄생

조각 예술 천재가
쉴 새 없이 바위를 쪼고
열정과 투혼으로 거친 숨 토하는
마라토너의 고독한 질주처럼
원고지에 들어붓는 작가들의 혼
대가 없는 투쟁이 눈물겹다

누구 위한 희생
누구 위한 수고인가
생각해보면 허무하지만
곱게 피어나는 그 멋에 반해서
고통과 피로는 잊은 지 오래다

너도 아니고 나도 아닌
우리 모두의 작품
서로의 희생을 감내한
자랑스러운 혼의 탄생

문예지를 읽으며

야생화가 가득한 아주 한적한 곳에서
나는 야생화의 아름다움을 찾아본다

거친 돌 틈, 보이지도 않는 풀숲에서
꽃은 빛을 다듬고 있다

관심조차도 부끄러운 숨어 피는 꽃이지만
바라보는 내게는 사랑스러움이다

소중히 바라보아야 할 네 모습들이
누군가의 손길에 의해 빛나기를 빌면서

나 역시 풀꽃을 키운다
사랑 받던 아니던 그건 다음 일이다

을숙도

굽이~굽이
줄달음쳐 흘러온 물길
천삼백 리 종착점 을숙도

수를 헤아릴 수 없던 물고기가
이름 모를 각종 어패류가
울고 웃으며 모여든 각종 사연들을 먹여 살리고
철새가 터를 잡고 주인노릇 하던 땅
이름하여 철새 도래지

개발이라는 명분으로 물길을 막고
쓰레기를 매립해서 공원을 만들어
부산의 명물이 된 을숙도

사람도 변하고
세상도 바뀌고 을숙도도 변해서
갈대숲을 줄지어 날아다니던 철새는 떠났다
언제부턴가
인간 철새만 모둠 지어 꿈을 파먹고 산다.

뒤돌아보자

이 시대의 어른들은
이만큼 호의호식할 수 있는 게 자신들이라고
입에 침이 마를 새 없다
반박할 수도 없다
틀림없는 말이니까
그런데 스스로 일궈놓은 선진사회가
누구에 의해 망쳐지고 있는지는 모른다
아니,
알려고 하지 않는다
자신들의 이기적인 삶의 습관들로
왜곡된 자서전들을 삐뚤빼뚤 옮겨놓은 저자
그 주역들이 자신들인 줄은 꿈에도 모른다
빨리빨리로 얻은 경제적 부가가치를
1등에 목매고 얽매인 결과가 무엇인가
물질은 앞서있지만
인성이 사라진 사회의 암울한 그림자들
그로 인해 울부짖는 자녀세대를
세월 탓이라 떠넘기는데
그 쓸모없을 세월을 만든 이는 과연 누구인가
생각해보고 되돌아 볼 일이다

지인의 시집 읽기

겹겹 침전된
지인의 주름 첩疊을 받아든
내 손이 떨리는 이유는
혹여 실수로 그가 엮어놓은
주름 첩疊의 비밀번호를 열게 되지나 않을까 싶어서다
그가 걸어오며 버텨 설 수 있었던
차곡차곡 쌓인 그의 버팀목들
피와 살점을 요구하는 세상에 내준
한 장 한 장의 주름들
그 첩疊들에 간직한 비밀번호들이 풀려
나로 인해 왜곡되는
수모를 안기지는 않을까 저어되는 때문이다
그냥 보이는 대로만 그를 바라보며 사랑하리라
뭐가 숨어있겠지 의문부호를 찍는 것보다
그래, 그럴 수 있어 고개를 끄덕이며
마지막 하나의 주름까지 애써 사랑해보리라

대나무

올곧음이 탄생시킨 외골수적 사고
그가 일평생 놓을 수 없었던 끈 하나
자수성가自手成家

뼈 마디마디 엉겨 붙은
골수 빠져나간 수고로움에 피골이 상접해도
세상 바람에 꺾이지 않은
아니,
꺾일 수 없었던 지난 세월은
가슴에 움켜쥔 청운의 뜻 때문은 아니더냐!

결국 남아야 하는 것 쓸쓸한 노래뿐일지라도
장하구나, 푸르른 영혼이여!
거침없는 꼿꼿한 기상이여!

꽃이 피었습니다

꽃이 피어 왜 피느냐고 물었습니다
해님이 부르는 시간이 많아서라고 했습니다
자신은 해님바라기
해님이 좋아서 늘 웃는다고 했습니다
그래서 자신도 해님을 닮았다 했습니다

저도 날마다 웃음꽃을 피웁니다
왜 피느냐고요
해님을 닮기 위해서입니다
해님바라기인 저도
사람들이 해님처럼 웃을 때면
그렇게 따뜻할 수가 없어요

해님 닮은 꽃처럼
웃음꽃 환하게 피우며
이웃에게 환한 웃음을 나누고 싶어요

상장賞狀

작은 환희이고 기쁨이었다.

다른 것과 비교해서
별나지도 않은 종이 한 장
일상이 무덤덤한 삶 속에
부싯돌 같은 화근이 되어
행복의 도화선에 불을 댕긴다.

한 장의 종이로 취급해버리기엔
주어지는 기쁨이 너무 크기에
함부로 하지 못하는 귀한 존재
우리는 그를 끔찍이도 사랑한다

그를 차지하기 위해
자신의 영혼까지 저당 잡히는데
허무를 알아가는 건
그 다음의 일이다

언제나 물처럼

샘물은 시냇물이 되기 위해
또 다른 샘물과 섞이기를 마다하지 않는다
서로 솟아오른 샘은 달라도
운명적 끌림에 의한
너와 내가 하나 되었을 때
장구한 시간을 함께 흐를 수 있는
강의 원류源流가 될 수 있기 때문이다

혁아!
세정아!

삶이란 샘물도 외로울 때면 흐름이 멈춘단다
고적孤寂하게 홀로 맑아 보이면 뭐하겠는가!
고인 샘물은 시간의 흐름 앞에 변하는 것을
부부란 샘물은 늘 함께 섞여 흐를 때라야
삶의 뿌리가 행복한 성장을 할 수 있단다

바라건대
서로 신뢰하고, 격려하고, 의지하며
막힘없이 흘러가는 큰 강의 원류가 되기 바란다

* 2016년 4월 24일 혁이와 세정의 결혼을 축하하며

이름

네 이름이 뭐냐?
개똥입니다
그 이름 누가 지어주었느냐?
부모님이 지어주셨습니다
그래, 이름값은 하고 사느냐?
에이, 개똥보다 더 싼 값이 어디 있겠습니까
어리석은 놈아!
약보다 귀하게 쓰이라는 옛 말이 개똥인줄 모르느냐
나라에, 가정에 거름이 되라는 것인데
그 깊은 뜻을 깨치지 못했구나
이 세상 어느 부모가 자식 잘못되라고
이름을 지어주었겠느냐
아무리 하찮은 이름이라도
자식의 앞날을 위해 지어주신 것
자신보다는 네가 잘되라고
귀인을 찾아가고, 지식을 총동원하고,
염원하는 마음으로 지어준 것이 이름 아니더냐
세상 곳곳 이름을 가진 모두가
허투루 지어진 것은 하나도 없는 것
깊은 뜻을 찾아 그에 맞게 살아라

등외라도 좋아라

길은 오라고 하지 않았다
하지만 끌리는 뭔가에 의해
멈추지 않는 걸음으로 오직 걸어갈 뿐이다

걷는다고 목적을 이룰 수는 없다
나의 현재는 그림자나 향기도 기대하기 어렵다
어디만큼 목표라며 이정표 하나 나타날까

어떤 이는 벌써 목표에 다다랐다는데
그는 자신이 걸어와야 했을 해답을 얻었을까
숙명에 의한 이끌림 때문이면
그 숙명은 또 무엇이란 말인가

길의 끝인 종착점에 닿는다면
부디, 제대로 된 목표에 닿기만 바랄 뿐이다
그것이 비록 101등의 다다름이라도 말이다

고개를 까닥이며 살자

똑같은 종이 두 장
하나는 수표로
하나는 광고지로
각각 쓰임이 달랐다

누구의 손에 의해 어떤 용도로 쓰일지 아무도 모른다
그 목적과 실행에 의해 귀천도 나뉘기 때문이다
세상은 공평하기를 바라지만 그게 쉬운 일인가
말이 쉬워 평등을 논하고 공평을 따지지만
공평이라는 말은
하나의 손
하나의 생각
하나의 행동으로 통일돼야 이뤄질 수 있는 일
공평은 세상의 끝,
아무 것도 없음일 때나 가능한 일이다

네가 있고 내가 있을 땐 절대 불가한 것이 공평인 것
거기까지는 아니라도 가까이 다가가기를 바라는
그것이 공평을 바라는 마음일 것이다

만족滿足

남을 밟고 일어서려 하지 마세요
당장은 타인의 부러움을 살지 몰라도
세상의 정의는 그를 꺾어 내리더군요

낮으면 어떤가요
내 자리 낮아서 낮게 살면 될 것을
높게 잘산다고 다를 것 있던가요

그대가 높다고 생각한 자리
그것은 그대 생각의 높이일 뿐
만인이 우러러보는 자리는 아닌 것을요

알아야 해요
낮은 생각으로 도리를 따르며 산다면
자신도 모르는 사이
그만큼의 높이에 올라가 있음을

5부 序詩

비련悲戀

지금 내 손에는 바람이 머물고 있다

아주 먼 시간을 달려온 그이지만
그 누구도 보거나 만나지 않았다는
바람이 머물고 있다

바람은 먼~먼 그리움이다
보려고 하는 만큼 멀리 있어서
만나려 하는 만큼 멀리 있어서
뭉클뭉클 복받치는 서러움이다

바람은 지금
내 손 끝에서
깨알 같은 글씨로 산고를 시작하려 한다

아픔이다
죽어도 멈추지 못할
사내의 눈물을 낳고 있다

풍등

기억의 기름에
그리움을 비벼 심지 꽂고

깜박깜박,
깜박임이 심한
기억의 부싯돌로 불을 붙여
멀고도 머~언
은하수를 향해 떠나보낸다

풍등은 과거를 더듬어
연민의 정 사라진 자리에 앉아
별처럼 깜박이며 누군가를 기다릴 것이다
아니,
어쩌면 내 기억 속에 자리한
사랑하는 그녀일지도 모를……

지나온 십수 년보다 더 많은 시간을
흐려지는 기억의 끝을 잡고 기다릴 것이다

참으로 질긴

이빨이 아프다
잘나빠진 그대 이름
씹어대느라 아프다

눈이 시뻘겋게 짓무르도록
씹어도, 씹어도
그대로인 그대 이름

내 기억에 아주 없었던
그때로 돌리기 위해
매일매일 씹어 삼켜보지만

씹어지지 않고
삼켜지지 않고
입안에서 히죽히죽 웃고 있다

참~ 질긴
너란 이름

고목이 푸르다

단비를 기다린 수 세월
나는 심연의 바닥에서
허기진 영혼인 채로 목마른 고목을 만난다

비산하는 풀을 뜯어야 하는
빼빼마른 사슴의 노래처럼
뻥 뚫린 가슴에 바람이 지나며 부르는 노래는
애절타 못 해 차라리 처연한 아름다움이다

아물지 않은 상처를 다독이며
잘린 가지를 위하여 마냥 흘릴 수 없는 눈물
어쩔 수 없는 운명이라면
차라리 웃는 게 좋다는 저 거룩한 신록의 계보系譜

수많은 삶들의 노래가
어둠을 헤치고 희망의 빛을 찾는 것처럼
기억해야 할 몫이 싱싱한 이파리라며
봄비를 기다리는 고목의 경이로운 웃음 앞에서

누구나가 겪어야 하는 이별의 아픔 따위를
떨쳐내야 하는 이유가 된다

사람이 그립다

사람들 속에 갇혀 살면서도
사람을 그리워하며 살고 있다

이야기 나누고 사랑도 하지만
너는 너
나는 나이기에 외로울 수밖에 없는 삶

스스로를 위한 내세움이기에
있으나마나한 관계 지음 속에서
바람과 바람의 틈을 보듬어 안고
우리는 정情이라며 스스로를 위로하고 있다

사람 사이에 갇혀 옥신각신 살면서도
그림자처럼 한몸을 이루는
진실한 사람을 그리워하며 살고 있다

가끔

누군가 간절히 그리워지던 날

기억의 뒤쪽으로 걸어갔던
그가 다가와
내 찻잔에 어색한 입술을 포갠다

한때 내 삶의 전부였던
그랬기에 그로 인한
내 하나의 편안쯤은 포기해도 좋았는데

순간의 짧은 만남이라
한없이 슬프지만
나는 행복이라 말한다

그 입술 머물던 자리에
내 입술 닿으면
가슴까지 따뜻해지는 때문이다

삼등열차

격동의 세월
최고만이 살아남는 밀고 밀리는 시대의 흐름 속에서
위용을 자랑하던 증기기관차는 디젤엔진에 밀려났다
뒤처지면 사라져야하는 냉엄한 현실 속에서
바뀌어 온 철길의 주인은 몇이던가?
덜컹거림도, 느릿느릿한 달리기도, 사라지고
왁자지껄한 사투리에 정다운 웃음소리가
기억 속에서 하나둘 지우기 경쟁을 하더니
고속열차는 추억들이 기다리는 간이역마저도 지나친다
특급에서 삼등열차로 전락한 무궁화열차
추억을 어루만지는 가운데
아버지도, 아내도, 사랑스런 조카도 떠나고 없다
세월은 사라진 비둘기호처럼
고귀한 인연들을 고속으로 데려갔다
삼등열차처럼 조금 여유롭게 달려도 좋으련만
세월은 야속하게도 고속열차를 본받으려 한다
사랑도 사람도 세월에 밀려 사라져 갔듯
지금 내가 타고 가는 이 열차도
고속열차에 밀려 살아지는 것은 머지않다
내가 바라는 것은 일등이 아닌 삼등인데
삼등열차로 느긋한 여행을 하고 싶은데 말이다

옥루玉淚

아프다 말하는 그 사람
어두운 미로에 스스로를 가둬놓고
추억들만으로 쌓아 올린 단절의 둑

가슴이 좁아서인가
정착하지 못하는 그의 방랑벽 때문인가
자꾸만 흐르려 하는 것은
저것의 천성 때문일 것이다

심연의 강물
막혀서 더 이상 흐를 곳 없는데도
샛길을 내며 결국 둑을 허물지 않는가!

외로운 사람이 숨길 수 없었던
'보고 싶다!'라는 아름다운 외침은
체면體面이라는 감옥에 갇히고
방울방울 느낌표로 만나는 '말없음'들만
서러운 몸부림으로 흐를 뿐이다

변명

하필 잠 못 들어 뒤척이는 창가에서
허전한 옆구리 더듬는 걸 봐서일까
왜냐고 물어봐도 대답 없이
바람은 밤새 흐느껴 울었었네

그러거나 말거나 나는 잠들 뿐
바람인 채로 또는 구름인 채로
임은 떠돌기 좋아해서 떠났으니
함께 눈물을 쏟아야 할 이유는 없잖은가

그리움이란 사치라며 떨쳐버리려는 나는
냉혈인도 사랑이 부족해서도 아니라네
슬퍼하며 정든 육체를 떠나야 할
내 눈물이 가엾기 때문이라네

떠난 인연으로 인해
내 삶이 아프지 않기 위해서라네.

기억의 소멸

빤짝,
바~안~짝

청천을 머리에 이고 밤을 밝히던
파수꾼의 젊음은 사라졌는가

노쇠한 기억 세포가 엮어내는
순간순간의 깜박임들

되돌릴 수 없는 막다른 길 위에
온 힘으로 남은 빛을 뿌리는 가로등

애써 연명하려는 그 생의 의미는 무엇인가
떠나야할 그가
남기고 싶은 빛의 의미는 무엇인가

낙화

인연도,
과거도,
추억마저도 떼어버린 텅 빈 가지 끝
새로운 세상을 인도하는 새봄이 찾아왔다

초라한 나목으로 서서
비오는 거리를 지키던 외로운 나목이
어여쁜 꽃을 만나 꿈에 부풀던 꼭 그날처럼
유년을 벗고 성인이 되게 한 빛
그것이 너이며
너로 인한 그림자가 내 삶이었는데

너 떠난 망가진 황무지에
무엇이 다음이고
무엇이 희망이더냐

괜한 투정

태어남이 하도 기구하여
딱딱하기가 돌 같은 삶을 일구고
온갖 잡일을 생업으로 삼고 산다

내 팔자가 이렇거니
체념하고 살아가지만
왠지 억울한 마음 가눌 길 없다

엄니 나는 왜 이렇게 살아야 돼?
남들처럼 살 수는 없는 거야?
철없는 투정을 목젖으로 누르며

"엄니 오래 살아야해"
그 앞에 서면
늘 건강만 신신당부하고 만다

갈등

임 목소리 들릴까 귀 막고
사랑한다 말할까
입 닫아야 하는 고통을 그대여 아시는가?

뜨거운 불씨를 가슴에 담고
뜨겁다 말 못 하는 가슴
또 다른 너를 만들까 하는 두려움에
안으로,
안으로 불을 다스려야하는
쓰라린 투쟁의 역사를 그대여 아시는가?

땅을 잃고
하늘을 잃고
기댈 곳 없는 허공에서
나를 지켜줄 동아줄이 다가온다면
그대여!
그 줄을 잡아야 할 것인가?
못 본 체 버려두어야 할 것인가?

퇴출

야속한 비바람 속에 가을비는 내리고
애써 외면하며 잡은 손을 놓으려는 나무와
선처를 바라는 이파리의 투쟁이 눈물겹다

평생 일구고 가꿔온 자신의 터전에서
뜻과는 거리가 먼 다른 세계로 가야하는
그것도 혼신을 다한 보람들에 의해서이니
왜 아니랴
알 수 없는 세계로 떠밀려 가야하는
본능적 두려움일 것이다
저 발버둥은

자신은 해당사항 아니라며
멀거니 바라볼 일이 아니라 편치 못한 심정
21세기,
신개념의 가을바람이 미울 뿐이다

다시 돌아가 함께 할 수 없는
잊히는 존재가 맞이할
쓸쓸한 이 겨울은 어쩌란 말인가

매미의 연서

수은주가 삼십 도를 향해 가던 때이지요
말매미의 울음이 멈췄던 때가

너무 오랜 시간
그 많은 보고픔들을
하염없이 써 내린 편지이건만
답신 한 장 없는 무정한 임
사연 보내기를 보류하겠습니다

보내서 받을 수 없는 수신자 없는 이 편지
얼굴도,
이름도, 모를 그대가 받아보셔요
부담 갖지 말고,
거부하지도 말고
받아서 아무데나 던져두세요

팔딱임이 멈춘 지 오랜 가슴
선홍빛 그리움들이 다시 고개를 들고
말라비틀어진 매미의 심장이 부활해
임 찾는 노래를 목이 터져라 부를 수 있도록
먼 훗날, 그대도 누군가가 그리워질 때면
가끔, 아주 가끔 바라볼 수 있도록

망부亡婦의 노래

팔랑 팔랑
내민 팔에 내려앉는 요정
꼬~옥 쥐어본 손아귀엔
가만히 숨 쉬고 있는 눈물 한 방울

바람은 밤새 가지를 흔들고
거리엔 쿨럭이는 낙엽들의 소리
방랑자뿐인 거리엔 내 신음 소리도 섞여있었다

왜 방랑자가 되어야 했는지는
요정의 세계에 사는 그녀가 답변을 할 것이다
왜 아쉬워하며 바람 따라 나서는지도
그녀만이 대답할 몫이다

보고 싶다며,
바람은 창틀에 머리를 들이박고
나뭇가지도 밤새 하염없이 울었으며
그를 지켜보는 한숨도 멈추질 않았다

망부의 강
메마른 채로 쩌~억 금만 긋는다

틀

-빈 둥지-

꿈속에서 새를 만났다
꼭 나를 닮은 새를 만났다
잠 깨어보니
그 새는 사라지고
허무한 그림자만 어둠 속을 걸어온다

뻐꾸기를 키운 붉은 머리 오목눈이
뻐꾹뻐꾹
성장한 새끼 황망히 날아가 버린
오목눈이의 둥지
결국,
허깨비를 안고 평생을 살아온 것인가

뻐꾹뻐꾹
먼 산 너머에서 들려오는
잘 산다는 노랫가락에 순간은 서운하지만
그래,
빈 둥지라도 좋다
뻐꾸기 새끼라도 좋다
잘살아만 준다면야 허무해도 나는 좋다
어차피 언젠가는 비워질 둥지 아니더냐

그곳에 임이 있다

그곳에 가면 그 임이 있다
지난해 어떤 날의 만남 이후
그곳에 가면 그 임의 얼굴이 떠오른다.

숱한 만남의 인연도 아니고
진한 사랑의 추억을 가진 인연도 아닌
단 한 번의 만남일 뿐인데

하늘 보기 힘든 어두운 공간에서도
환한 웃음 짓던 그 얼굴,
한 송이 장미였던 까닭인가

기억 속에 각인된
그 임은 그곳에 살고 있다
그래서 그곳의 하늘을 보면 그 얼굴이 있다

언제나 고운 미소인 채로 머물고 있는…….

* 문우 무정님께 드린 詩

소회所懷

쓸쓸한 공간
몸부림 대신
답답한 이불을 걷어내고
서걱!
어둠을 한입에 베어 문 그
눈시울 붉게 물든 채
터벅터벅
외로움 짙게 깔린 과거를 향해 걸어간다
밝게만 보이던 그
어떤 사연일까
지켜보는 사내의 한 숨
진한 장밋빛이다

바람의 언덕에서

질긴 목숨 구하려고
고기잡이 가신 아비 대신
파도만 포구에 돌아와 울고
슬픔에 잠긴 지어미
물질 가서 아비 따라 갔음인가?
휘파람 소리만 오르는 언덕
먼 바다 바라보며 어미 애비 부르다
허기진 배 움켜쥐고 안식의 잠이든
자식의 등짝을 어루만지며
꺼이꺼이,
한스런 넋이 바람 되어 울었다는
애틋한 전설 하나 있을 법한
거제도 도장 포구 바람의 언덕

외도를 바라보는 사내의 촉촉한 눈
먼먼 과거의 달콤했던 추억을 좇아간다.

보고 싶다는 눈물은 가짜였다

상념이 긴 꼬리를 남기는 시간
어느 간절한 사연이 하늘에 닿았음인가
먼 별나라에서 찾아 온 별똥별
보라는 듯 눈앞을 지나쳐 간다

어떻게 보낸 것이기에 거기까지 갈 수 있었고
답신 또한 여기까지 도착할 수 있었을까
그 어떤 간절함과 애틋함이
우주에서 지구까지 오작교를 놓을 수 있었을까

보고 싶다고
그립다고
그토록 요란을 떤 것이 가식이었나?
그대라는 얼굴은 꿈에도 볼 수 없구나!

아프게 쓰고
간절하게 기다려 온, 답신 없는 편지와
지금 내 가슴에 쓰고 있는 그리움의 물길이
또한 거짓인 것인가
보고 싶다 하면서도 죽을 만큼은 아니구나.

낙엽

단풍이 하도 고와
알록달록
예쁜 잎을 달고 있는 단풍나무 아래에 섰어요
그 많은 단풍잎 중에서
유독 빨간 손을 흔들던 단풍잎 하나

이미지 사진을 예쁘게 찍는 방법은
각도를 잘 잡는 것이라며
자신의 갸름한 옆모습을 찍어 보여 줬다는
내 조카 태희
열다섯
그 아이가 마지막 손을 흔드는 듯
살랑살랑 흔들리던 단풍잎 가지를 떠나네요
내려앉은 낙엽 위로 가을비가 내렸어요
그 위로 내 눈물도 내렸지요

어떤 이유로든
정든 것들과의 이별은
슬픔이래요
아픔이래요

태희의 부고訃告

아프다, 아프다
맞아서 아픈 것이라면
잘못된 부분을 수정해 가면 될 것이고
떨어져 지내는 아픔으로 인한 것이라면
먼발치로라도 만나면 되지만
아픔의 채찍으로 꽁꽁 묶여
수정하거나 찾아갈 수 없으니
그것이 더없는 슬픔이다

수확의 기쁨으로 넘치는 이 가을 날
하필
때 되어 떨어지는 낙엽을 따라가다니
네 나이 겨우 열다섯
가지 끝에 꽃눈으로 남아 있어야 되는 너를
꼭 필요하다며 데려간 이 뉘라서
그리도 야박하고 야속하더란 말이냐

네 엄마는 지난밤 꿈길에
너를 위한 사과나무를 심었더란다
새 생명의 부활이라고,
이젠 네가 나을 것이라고 좋아했는데
그것이 아픔을 키우는 나무가 되었구나

혈액의 가뭄으로 갈라진 네 육신 위에
아빠 엄마의 눈물로
아니, 너를 아는 많은 연자들의 눈물로
네 생명의 부활을 염원하지만
새롭게 부활한 것은 참담한 아픔 뿐

바라건대 태희야!
네가 간직했을 고통
그 몫을 넘겨받은 어미아비를 위해서라도
너의 쓸쓸한 사후세계가
슬픔도, 고독도, 아픔도 없는
그저 즐겁고 희망찬 기쁨의 세상에서의
영생永生이기를 희망하며 기도하마.

* 조카 태희의 귀천

꽁치가 사라졌다

다섯 친구의 수다 자리에 꽁치 한 마리 찾아왔다
영모는 정확히 네 토막을 내어놓고
연금정책을 불평하며 소주 한잔을 들이켰다
덕분에 꽁치는 가운데 토막 하나를 잃었다
친구가 가까운 말이냐?
동무가 가까운 말이냐? 며
명철이가 거나하게 흰머리를 만드는 동안
죄 없는 꽁치는 또 가운데 토막을 잃고
승용이는 정년 걱정 없는 농사로 승부수를 띄운다고
어깨쯤에 힘주며 마신 소주잔에
꽁치는 꼬리마저 잃고 탈출을 포기하는 눈빛을 하고 있다
영호는 접시를 광일이 앞에 밀어놓고
이놈 먹고 우리 잘 살아보자며
마지막 남은 꽁치 대가리에 젓가락을 꽂았다
우리의 애깃거리를 대신하며 꽁치가 사라지듯
한 토막씩 사라져가는 우리네 삶도
결국 세월의 입으로 사라져가는 술안주 아니던가!
간밤 청승맞게 흐느끼는 빗줄기를 이해하지 못했다
한참 못 이룬 것에 화가 났을 뿐
너의 떠남을 슬퍼하는 소리인줄은 꿈에도 몰랐다
친구야
야, 이놈 친구야!

* 15/9/5 친구 영모의 귀천

세월의 무게에 가지 하나 내주다

이순,
그 무게가 그리도 무거운 겐가
버티지 못한 가지 하나 우리 곁을 떠나네
우리라는 나무는
백세시대를 알리고 있는데
그 많은 세월 중 반 토막을 이제 겨우 지났을 뿐인데

천상병 시인이 이승 떠나는 날
세상구경 잘했다더니
우리 곁을 떠나는 그대여 구경은 잘하셨는가
허~허~
구경이라는 게
새벽별보며 하루를 열고
저녁별보며 하루를 마감했으니
세상구경 잘했다 하겠는가

고단함을 접고 기왕 떠나는 길
이별주 한잔 건네노니
아침저녁 평생을 봐오던 그 별이 되어
세상구경 두루두루 원 없이 하시게

* 2016년 1월1일 저녁, 친구 상석의 귀천

해설

생의 내력과 진지한 사유

임종성

시는 속살을 안 보여 주려고 옷으로 가린다. 그러나 완전히 가려 버리면 홀딱 벗기는 것과 마찬가지로 여운이 남지 않는다. 시는 보일 듯, 보일 듯, 보일 듯이, 보이지 않는 어떤 것이다.

이러한 시의 밑바닥에는 생이 있어야 한다. 이것이 생 자체이며 생의 진실이구나, 하고 느껴지면 시가 제대로 쓰여진 것이다. 만일 그렇지 않다면 시를 지워 버리고 다시 써야 하는 것이다.

사람들 속에 갇혀 살면서도
사람을 그리워하며 살고 있다.

이야기 나누고 사랑도 하지만
너는 너
나는 나이기에 외로울 수밖에 없는 삶

스스로를 위한 내세움이기에
있으나 마나한 관계 지음 속에서
바람과 바람의 틈을 보듬어 안고
우리는 정情이라며 스스로를 위로하고 있다.

사람 사이에 갇혀 옥신각신 살면서도
그림자처럼 한몸을 이루는
진실한 사람을 그리워하며 살고 있다.

[사람이 그립다] 전문

W.S 모음은 산문에서 "사랑하고 괴로워하고 그리고 죽는다."고 말했다. 사람은 누구나 사회적 존재로서 타인과 더불어 산다는 본성을 지니고 있다.

그래서 사람은 자신을 위해 사는 것보다 남을 위해 살고 있는 경우가 없지 않다. 우리는 사람들과 더불어 살고 사람들 틈바구니에 끼어 〈사람을 그리워하며 살고〉 있으며 〈이야기 나누고 사랑〉하면서 살아간다.

이 시에서 화자는 사람에 대한 그리움을 얘기하고 싶어 한다. 화자는 추운 날 불을 쬐듯이 〈사람 사이에 갇혀 옥신각신 살면서도/ 그림자처럼 한몸을 이루는/ 진실한 사람을 그리워하며 살고 있다.〉고 진술한다. 〈내 가슴이 다가가 비워져/ 누군가의 가슴에 꽃을 피울 수 있다면〉[잉크 없는 볼펜] 좋겠다는 소원을 감추지 않는다. 그러나 이러한 소박한 염원은 쉽게 이뤄지지 않는다. 사랑이 가까이와 한몸처럼 이뤄지기를 바라지만 그 바램은 상처나 아픔으로 남는 일이 적지 않기 때문이다.

지금 내 손에는 바람이 머물고 있다.

아주 먼 시간을 달려온 그이지만
그 누구도 보거나 만나지 않았다는
바람이 머물고 있다.

바람은 먼 먼 그리움이다

보려고 하는 만큼 멀리 있어서
만나려 하는 만큼 멀리 있어서
뭉클 뭉클 북받치는 서러움이다.

바람은 지금
내 손 끝에서
깨알 같은 글씨로 산고를 시작하려 한다.

아픔이다.
죽어도 멈추지 못할
사내의 눈물을 낳고 있다. [비련悲戀] 전문

화자는 자기의 전부를 주어 너를 활짝 피우고 싶어 하는 것이다. 〈바람은 먼 먼 그리움이다/ 보려고 하는 만큼 멀리 있어서/ 만나려 하는 만큼 멀리 있어서/ 뭉클뭉클 북받치는 서러움이다〉에 드러나 있듯 화자의 바람은 그리움이지만 그리움의 대상과 멀리 떨어져 있으면 서러움이 북받친다.

보려고 하는 만큼 사랑하는 대상은 멀리 떨어져 있어 끝내는 〈북받치는 서러움〉으로 밀물져 와서 아픔이나 눈물을 낳고 마는 것이다. 그러나 어두워지는 마음 안팎에도 밝게 등촉을 켜 두어야 하는 것이다.

한 치 앞도 보이지 않는 길
꺾여버린 의지를 일으키며
숨차게 달려오신
그댈 위하여 켜 두었습니다.

막막한 어둠 속

고독과 정적만이 벗이었던
그대의 길이기에
환한 길동무 되고자 불을 밝힙니다.

그대 가슴 속 화선지 위에
어두운 기억들 다 지워 버리고
그대 앞 비추는 밝은 빛으로
미래만 그려 보세요.

밝게
환하게

[가로등] 전문

가로등에는 도시인들의 미적 정서가 깃들어 있다. 이것은 도시인들에게 환한 길을 찾아준다. 〈한 치 앞도 보이지 않는 길/ 꺾여버린 의지를 일으키며/ 숨차게 달려오신/ 그댈 위하여 켜 두었습니다.〉라는 행간에는 화자의 결연한 의지가 드러나 있다.

〈숨차게 달려오신 그댈〉 위하여 등촉을 켜 두고 싶은 것이다. 사랑의 대상인 그대는 〈막막한 어둠 속/ 고독과 정적만이 벗〉이었기 때문이다. 그래서 그대에게 〈환한 길동무〉가 되려는 심사는 아주 밝다. 이러한 화자의 긍정적인 태도는 삶의 현장인 직업전선인 일터에서 드러나 있다.

아들이라도 막내벌이고
손자라도 막내벌인 사람에게 폭언을 들으며
웃음을 파는 어르신들
그녀가 혹은 그이가 웃을 수 있는 여유는
일자리가 있다는 자긍심 때문이다.
당장은 서운하고 괘씸하지만

그들로 인해 주어지는 일자리 아닌가!
그들로 인해 주어지는 여유로움 아닌가!
'까짓!'
새 삶을 위해서 그 정도쯤이야 양보 한단다.

[제2의 직장] 부분

우리가 웃을 수 있는 여유는 기본적으로 일자리에서 찾아진다. 그런데 우리가 직업에서 행복을 얻으려면 세 가지가 필요한 것으로 알려져 있다. 우선은 그 일을 좋아해야 한다. 또 그 일을 지나치게 해서는 안 된다. 끝으로 신념을 가지고 일해야 한다.

〈나도 할 수 있다는 자긍심〉이 일을 창조적으로 감당할 수 있는 직장은 개인의 성품을 채색하기에 좋은 현장이다. 일할 수 있어 생활이 영위되는 동안에는 한겨울에도 봄을 기다리며 생기가 넘치기를 바라고 있다.

초롱초롱
청매화 눈망울이 봄 오는 것을 보았다.

청결한 몸단장
봉긋한 가슴 내밀고 생글생글 웃는다.

요염한 유혹이지만
만개하기엔 아직 이른 봄

하지만,
결코 헤프지 않은 네 모습 사랑스럽다.

[아직은 이른 봄] 전문

작가 이효석은 '봄은 옷 입고 치장하는 여인([들])'이라고 말했다. 이러한 봄은 힘의 분출이 자연스럽게 이뤄지는 계절이다. 셀리는 "꿈꾸는 대지에 그 나팔을 불어/ 허공에서 기르는 양떼 향기로운 살을 몰면서/ 생생한 빛과 향기로 들과 산을 채우느니라."([서풍부]) 에서 봄의 생래적 힘을 드러내 준다.

이렇게 봄은 〈청결한 몸단장/ 봉긋한 가슴 내밀고 생글생글 웃는〉 모습으로 화자에게 다가온다. 특히 〈요염한 유혹이지만/ 만개하기엔 아직 이른 봄〉을 품고 산다는 것은 축복이다.

홍매화 발갛게 물든 볼
까닭 몰라 물어보니
예쁘다는 말에 부끄러웠노라고

성숙한 몸
사랑이 뭔가를 깨달은 것인가.

부풀어, 부풀어
터질 것만 같은 가슴
빨간 입술에 걸리는 벙긋한 미소

바라만 보아도 가슴이 뛰는
삼월의 처녀야. [홍매화] 전문

봄에 내밀한 생기를 돋워주는 것은 매화이다. "매화 등걸에 봄절(春年)이 돌아오니/엣 피던 가지에 피언즉도 하다마는 /춘설이 난분분하니 필동말동 하여라"([매화/ 청구영언])에 보이는 매화의 단정하고 의젓한 기품은 다른 꽃의 추종을 허락하지 않는다.

〈예쁘다는 말에 부끄러웠노라〉고 화자를 통해 매화는 비로소 〈성숙한 몸/ 사랑이 뭔가를 깨달은 것〉같이 〈바라만 보아도 가슴이 뛰는〉봄날에는 마음이 들뜨기 쉽고 안정을 유지하기 어려울 수가 있다.

거칠게 살아온 삶이라서인가.
그게 자신의 본모습인 양
날카로움이 창끝을 닮았구나.

본디 그런 날카로움은 아니라는 걸 알지만
온몸으로 받아들여버린
경쟁의 뻣뻣함을 어찌 녹여낼 것이냐.

내 의지로 살 수 없는 삶이라면
자연의 속성처럼 동화되어도 되는데
그에 순응하지 못하는 올곧은 이성이
끝끝내 힘차게 꽃대를 일으켰구나.

온전한 삶이란
늘 칼날 끝에 서 있는 것 같아서
외롭고 고달픈 자신의 영혼에
향기라도 남기고픈
곱게 피어버린 네 의지가 묵향처럼 아름답다.

넉넉히 겪어왔을 또 하나,
우리네의 삶의 모습은 아니더냐?
군자가 너를 좋아하는 이유처럼 말이다.　　[난향] 전문

매화는 추운 날들에도 꽃을 피워냈지만 힘들고 어렵다는 구실을 내세워 향기를 팔지 않는다. 〈내 의지로 살 수 없는 삶이라면/ 자연의 속성처럼 동화되어도 되는데/ 그에 순응하지 못하는 올곧은 이성이/ 끝끝내 힘차게 꽃대를 일으켰구나.〉에서 드러나 있다.

시련과 역경 속에서도 쉽게 〈순응하지 못하는 올곧은 이성〉의 번쩍이는 날ㄲ이 돋워져. '끝끝내 힘차게 꽃대'를 일으킬 수 있는 힘이 내장되어 있다.

정광일 시인의 시집『잉크 없는 볼펜』에는 생이나 세상, 사물에 대한 언사가 대부분 친화하는 말들로 깃들어 있다. 시의 행간에 스며든 미세한 감성, 비교적 긍정적인 정서, 존재의 내포가 깊게 확장되어 있다. 적지 않은 시들은 시인 자신이 말하고 쓴 게 아니라 시인을 통해 생이 말하고 쓴 것이다. 그래서 구절마다 전면적 진실이 모두 고스란히 깃들어 있다.

자기 앞의 길을 비추는 빛, 힘든 노동을 통한 생의 내력과 진지한 사유는 사랑의 힘을 만들어 가고 아주 높은 미적 가치를 지향하고 있으며, 내면에서 빚어내는 시의 향기는 유독 깊고 맑다.

백공의 제 7시집

잉크 없는 볼펜

인쇄: 2016년 8월 6일
발행: 2016년 8월 12일

지은이: 정광일
펴낸이: 최경식
펴낸곳: 도서출판 청옥문학사
인쇄처: 세종문화사

출판등록 제10-11-05호
E-mail: kyu500@hanmail.net
전화: 051-517-6068

값 10,000원

ISBN 978-89-97805-52-5 03810

이 도서의 국립중앙도서관 출판예정도서목록(cip)은 서지정보유통지원시스템 홈페이지(http://seoji.nl.go.kr)와 국가자료공동목록시스템(http://www.nl.go.kr/kolisnet)에서 이용하실 수 있습니다.(cip2016018887)

* 본 도서는 2016년 한국문화예술위원회, 부산광역시, 부산문화재단 지역문화예술특성화지원사업으로 지원을 받았습니다.

부산문화재단
BUSAN CULTURAL FOUNDATION